身近な人に介護が必要になったときの手続きのすべて

監修 鈩 裕和
つくしんぼ会

備えて安心

自由国民社

はじめに

　多くの場合、介護が必要な状態は突然やってきます。脳卒中や癌、骨折など、きっかけは様々です。心の準備をする時間が与えられるのは、徐々に進む老化によるものなど限られた場合です。単に老化によるものでも、ある日、急に立ち上がれなくなることもあります。

　人は70歳を超えるまで、ほとんど医療機関を利用することなく健康に生活を送ることができるため、気心の知れた「かかりつけ医」を要介護状態になる前に持っているケースは数パーセントと思われます。したがって要介護状態になると突然、医療機関探しから、介護保険の手配などこれまで馴染みのなかった未知の手続きに追われることになってしまいます。

　介護保険制度が平成12年に開始になり、そうしたサービスにアクセスする手段が明瞭になりました。介護保険サービスが簡単に受けられるようになって、それ以前のように往診に呼ばれると糞尿にまみれて途方に暮れているという状態の方を目にすることもなくなってきました。

　本書は急に訪れる要介護状態に対処する制度を知っていただくように分かりやすく編集しました。要介護状態になる方、またその方を介

護する人は高齢者の方が多いのに制度は複雑で分かりにくくなっています。介護保険を利用するための介護計画(ケアプラン)は自己作成することも制度上は可能ですが、制度を理解することは並大抵のことではありません。ケアマネジャーやご近所の開業医、地域包括支援センターなどに遠慮なく相談し任せることも必要です。自分で抱え込まないようにすること、慌てないことが大切です。介護保険は認定申請した日から利用できますので、いざ介護状態になったときに地域包括支援センターや診療所に飛び込んでくだされば、適切な助言がもらえます。介護保険制度以前の介護を知る者として、今はとても恵まれた時代と思います。

　本書が皆様の介護へのアクセスを容易にし、介護負担を軽減する一助となれば幸いです。

　本書の編集に当たって助言いただいた安田力さん、大木真美さんらに感謝申し上げます。

医療法人社団つくしんぼ会理事長

鈩　裕和

身近な人に介護が必要になったときの
手続きの流れ

身近な人が病気で倒れたり、転倒による事故で寝たきりになったりして、介護が必要になったら、介護保険サービスを利用して、本人・身近な人、それぞれの負担を軽くすることが大切です。介護が必要になったときから、介護保険認定の申請・サービスの利用まで、手続きの流れをチャートで紹介します。

 介護が必要になった!!

かかりつけ医を見つけましょう	12ページ
介護保険について相談しましょう	24ページ
介護保険の認定申請をしましょう	26ページ〜
役所の担当者などの訪問調査を受けます	38ページ
要介護状態区分が決まり設定結果が通知されます	40ページ〜
信頼できるケアマネジャーをみつけましょう	62ページ
ケアプランの作成をケアマネジャーに依頼しましょう	64ページ〜

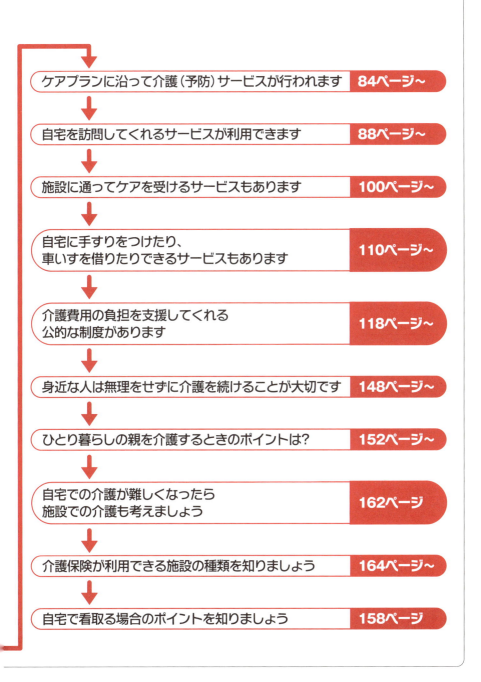

身近な人に介護が必要になったときの
手続きのすべて CONTENTS

はじめに……………………………………………………………………………2
身近な人に介護が必要になった時の手続きの流れ ………………………4

第1章 かかりつけ医の見つけ方 11

● かかりつけ医
Q1 かかりつけ医とはどんな医師のことですか?……………………………12
Q2 最近は、いつまでも病院にいられないと聞きますが?……………………14
Q3 かかりつけの医療機関は「診療所」でも大丈夫ですか?………………16
Q4 認知症がある場合のかかりつけ医はどう選ぶ?……………………18

第2章 介護認定の申請 21

● 利用できる年齢
Q5 介護保険は何歳から利用できますか?……………………………………22

● 申請の相談
Q6 介護保険はどこで相談すればいい?……………………………………24

● とりあえずの申請
Q7 介護保険はとりあえず申請したほうがよいですか?……………………26

● 保険証を紛失
Q8 申請したくても介護保険証がありません……………………………………28

● 申請の拒否
Q9 介護保険サービスの利用を本人が拒否します……………………………30

● 申請後の流れ
Q10 申請したあとはどんな流れですか?……………………………………32

● 申請に必要な書類
Q11 介護保険の申請にはどんな書類が必要ですか?………………………34

● 主治医の意見書
Q12 主治医の意見書を作成する主治医がいない場合は? ………………36

● 訪問調査の受け方
Q13 訪問調査で正しく判定してもらえるか心配です………………………38

● 要介護認定のめやす
Q14 要介護状態の認定はどんなめやすで決まるのですか? …………………40

認定結果の通知
Q15 要介護認定の結果はどのように知らされますか？……………………42

認定結果への不服申し立て
Q16 要介護認定の結果に不服があるときは？……………………………44

要介護状態区分
Q17 要介護状態区分はずっと同じですか？………………………………46
Q18 要介護度は高いほうがトクですか？…………………………………48
Q19 家族の都合で、要介護認定を変更してもらえますか？……………50

「要支援」の内容
Q20 「要支援」と認定されましたが、どういう意味？……………………52

「非該当」の内容
Q21 「非該当」と認定されたらサービスは利用できませんか？…………54

転居後の要介護認定
Q22 転居してもこれまでの要介護認定は有効ですか？…………………56
コラム マイナンバー（個人番号）がわからないとき……………………58

第3章　介護保険の**利用**　　59

認定通知
Q23 認定通知が来たらどうすればいいのですか？………………………60

居宅介護支援事業者
Q24 信頼できる居宅介護支援事業者を見つける方法は？………………62

アセスメントの受け方
Q25 ケアプランの原案を作るための調査の受け方は？…………………64

サービス担当者会議
Q26 サービス担当者会議とはどんな会議ですか？………………………66

ケアプランの変更
Q27 ケアプランを変更することはできますか？…………………………68

ケアマネジャーの変更
Q28 ケアマネジャーと相性がよくないのですが？………………………70

サービス利用の範囲
Q29 サービスはいくらまで利用できるのですか？………………………72

1割・2割・3割の利用者
Q30 高所得者でも、1割で利用できるのですか？………………………74

要介護度による利用制限
Q31 要介護度によって使えないサービスもありますか？………………76

1万円で使えるめやす
Q32 介護費用が10,000円程度しか払えません……………………………78

● サービス費用の請求

Q33 サービスを利用したらどこから請求がくるのですか? ……………80

コラム 2018年度改正介護保険のポイント……………………82

第4章 介護保険の**サービス** 83

● サービスの種類

Q34 介護保険サービスにはどんなものがありますか? ……………84

Q35 どんなサービスがよく利用されますか? ………………………86

● 訪問サービス

Q36 ヘルパーに家族の料理も作ってもらえますか? ………………88

Q37 本人が訪問介護を嫌がるときはどうしたらいいですか? ……90

Q38 入浴だけでも助けて欲しいのですが… ……………………92

Q39 脳梗塞を患い退院したのですが、
どんなサービスを利用できますか? ……………………94

Q40 大腸がんで人工肛門のケアなどをお願いしたいのですが… ………96

Q41 おむつの交換や寝返りが必要で睡眠がとれません……………98

● 通所サービス

Q42 偏屈な高齢者ですが、デイサービスでなじめますか? ………100

Q43 認知症ですが、デイサービスを利用できますか? ………………102

● 宿泊サービス

Q44 身内に不幸があり、急に短期入所を頼みたいのですが… ………104

Q45 「ロング・ショート」という方法があると聞きましたが… ………106

● 多機能サービス

Q46 通ったり、泊まれたり、訪問してくれる施設があるそうですね ……108

● 福祉用具・住宅改修

Q47 親戚の家具店にベッドを頼むことはできますか? ………………110

Q48 福祉用具のなかで購入しなくてはならないものもありますか? ……112

Q49 自分で手すりを付けても材料費はもらえますか? ………………114

第5章 介護の**お金** 117

● 介護・医療保険のしくみ

Q50 高齢者の介護・医療保険のしくみを教えてください ……………118

● 保険料の減免

Q51 生活が苦しくて保険料が払えません……………………………120

● 保険料の滞納

Q52 保険料を滞納するとどうなりますか? ………………………122

高額介護サービス費
Q53 高額介護サービス費とはどういう制度ですか？ …………………124

補足給付
Q54 特養の利用料や居住費は人によって違いますか？ ……………126

世帯分離
Q55 親と世帯分離したほうが介護費用は安くなりますか？ ………128

世帯分離の手続き
Q56 世帯分離をするときどんな手続きが必要ですか？ …………132

高額療養費
Q57 病気の治療費が高額で払えるか心配です…………………134

高額介護合算療養費
Q58 医療費と介護費を合算すると相当の額になってしまいます…………136

生活保護
Q59 生活が困窮して介護・医療の費用が払えません …………………138
コラム 介護報酬の改定の主な視点と改定率 …………………………140

第6章　介護の**実際**　　141

家族の役割
Q60 自宅介護を始める前に家族で決めておくことは？ …………………142

介護離職
Q61 同居の父が大変。仕事をやめようかと迷っています …………………144
Q62 自宅介護をしながら仕事を続ける方法は？ …………………146

介護の持続
Q63 介護疲れをせずに長く続けるポイントは？ …………………148

介護のサポート
Q64 介護している家族をサポートする方法は？ …………………150

ひとり親の介護
Q65 ひとり暮らしの親を介護する際のポイントは？ …………………152
Q66 ひとり暮らしの親の家がごみ屋敷状態に！ …………………154

家族による医療的ケア
Q67 家族による医療的ケアはどこまで可能？ …………………156

自宅での看取り
Q68 「自宅で最期を迎えたい」という親の願いをかなえるには？ …………158
コラム エンゼルケアと死亡診断書の費用…………………………160

第7章 施設での介護 161

● 施設の種類
Q69 介護を受けながら暮らせる施設や住まいって？ ……………………162

● 特養
Q70 特別養護老人ホームってどんな施設？ ……………………………164
Q71 特別養護老人ホームへの申し込みは早くすべき？ ……………166

● 老健
Q72 介護老人保健施設と特別養護老人ホームの違いは？ ……………168

● グループホーム
Q73 「グループホーム」ってどんな施設ですか？ ……………………170

● ケアハウス
Q74 「ケアハウス」でも介護を受けられますか？ ……………………172

● サービス付き高齢者向け住宅
Q75 「サ高住」ではどんな暮らしができますか？ ……………………174

● 有料老人ホーム
Q76 要介護でも、有料老人ホームへの入居は可能ですか？ …………176

● 住み替えの流れ
Q77 住み替え先を選ぶ際の基本的な流れを知りたい！ ………………178

● 住み替えの費用
Q78 住み替え後の生活にはどんな費用が必要ですか？ ………………180

● 退去を求められたら
Q79 住み替え先から退去を求められことはある？ ……………………182

● 利用料を安くするには
Q80 年金の受給額が少ないけれど介護施設に入れますか？ …………184

● 住所地特例
Q81 市外の施設に入居したら介護保険の変更手続きが必要？ …………186

さくいん ……………………………………………………………188

※本書で示すサービス利用料のめやすは、1単位＝10円、1割負担のケースで算定しています。

第1章

かかりつけ医の見つけ方

Q1

かかりつけ医

かかりつけ医とは
どんな医師のことですか?

Q 介護がはじまったら、かかりつけ医が必要と言われました。どんなお医者さんなのでしょう？（47歳女性）

A 地域で開業する医師で、本人の健康状態や家族のことをよく知り、気軽に相談に乗ってくれるのがかかりつけ医です。介護を続けるときには強力なサポーターになります。

介護が必要になったら、まずかかりつけ医を見つける

ひと口に介護が必要になったといっても、その原因となる疾患によって、介護の様子は大きく異なります。介護期間だけ見ても、末期がんなどでは数週間から数カ月、認知症や脳卒中なら数年から数十年に及ぶことがあります。

また、同じ認知症でも非常におとなしいタイプの方もいれば、興奮、幻覚、徘徊、弄便などで初期から家族がへとへとになる場合もあります。そうした疾患のタイプや個別性に対応する術を伝えてくれる医師や看護師、保健師などを身近に確保しておくことが重要です。さらに介護保険の利用を考えると、「主治医意見書」や「診療情報提供書」の作成を迅

速に適切に行ってくれる「かかりつけ医」が必須となってきます。介護が必要となったとき、医師（医療機関）をまず確保しましょう。

近くに信頼のおける医師がいると安心

医療の供給体制は地域によって大きく異なるため、医療機関の選び方といっても、住む地域で状況は違ってきます。東京の都心なら、いくつもの大学病院、大病院、中小の専門病院、診療所など選び放題ですが、同じ東京でも山間部などではアクセスできる医療機関は限られています。

病院選びはその病院の特長や機能を重視するのは当然ですが、医療は人と人との関わり合いですので、近くに信頼のおける医師がいれば喜ぶべきことでしょう。

大病院は生活の維持を目的にした治療は苦手

　介護が必要になったときには、身近に相談できる医療機関を見つけましょう。筋萎縮性側索硬化症（ALS）など神経難病で介護が必要になった若い患者さんは別として、大学病院や大病院の医師は生活の配慮までしてくれないのが普通です。大病院の医師は特定の疾患を診療することは長けていますが、介護に必要な生活の維持という観点での診療は苦手です。また、数年ごとに転勤などで職場が変わってしまうことが多く連続性を保つことができません。「長く続く」「生活と密接に関わっている」という介護の性格を考えると、できるだけ身近な「かかりつけ医（家庭医）」を選びましょう。

主治医とかかりつけ医の違い

主治医
　傷病の治療を担当する医師で、一般的にはその場限りの関わりであるが、慢性疾患の場合は長いつき合いになることもあり「かかりつけ医」の機能を果たすこともある。

かかりつけ医（家庭医）
　患者の療養環境(家族関係、居住環境、経済状況、人生観など)にまで配慮し治療の方向性を示してくれる医師。一般的には生涯にわたって関わりを持つ。

かかりつけ医の選び方

・気軽に相談に乗ってくれる
・患者や家族とウマが合う
・できるだけ近くにいる
・医療だけでなく生活全般で総合的な判断ができる器をもつ
・難解な医学用語などを使って、専門をひけらかさない
・最期まで責任をもって診てくれそう

Q2

かかりつけ医

最近は、いつまでも病院にいられないと聞きますが?

Q 父が脳梗塞で倒れて入院しました。最近の病院はすぐに退院させられると聞きましたが、ほんとうですか? (38歳男性)

A 脳梗塞の場合、急性期の治療が終了したら、リハビリのために回復期の病院に移るのが一般的です。その後3カ月程度入院し自宅に戻り、必要であれば介護保険を利用し自宅での療養生活がはじまります。

身近な人が
病気などで倒れたら

急に傷病を負った場合、かかりつけ医がいたら、まず相談しましょう。かかりつけ医で治療できるものはすぐに処置を受けられます。手にあまる場合は、適切な診療科を紹介してもらえます。受け入れ先が見つからず救急車のなかで長く待たされるなどのムダな時間を省くこともできます。ただし、傷病が重く緊急性を感じたら救急車を要請しましょう。要請してよいか迷うときは「#7119(救急相談センター)」に電話すると、専門家が症状を聞いて対応のしかたを指示してくれます。

救急病院に運ばれ入院が必要と判断されると、数週間程度の治療やリハビリを受けます。制度上、原則として数週間以上の入院はできません。後遺症を残すような傷病の場合は、生活復帰をめざしてさらに治療を続けなければなりません。自宅に戻って医師や理学療法士、作業療法士、言語聴覚士、看護師などの訪問を受けて治療を在宅で継続したり、通所、通院などでリハビリを行います。

重度の医療や介護が
必要となったら

傷病の治療がさらに必要な場合や自宅の介護力に問題があると療養型病院や回復期リハビリテーション病院、介護保険を利用する介護老人保健施設などで滞在型の治療やリハビリを続けます。これらの病院や施設は原則的には3カ月程度の利用が想定されており、ある程度の回復が得

られると自宅に戻ります。

重度の医療や介護を引き続き必要とする人は、療養型医療施設などに入所を継続する方もいます。また、比較的費用負担の軽い特別養護老人ホームで、療養生活を続ける方もいます。施設の選択には地域性や負担可能な金銭問題もあって、すべて人任せにはできません。それには、その時々で適切なアドバイスを求めていくことが重要で、かかりつけ医、病院の医療相談室、近くの地域包括支援センターなどの窓口を有効に利用してください。

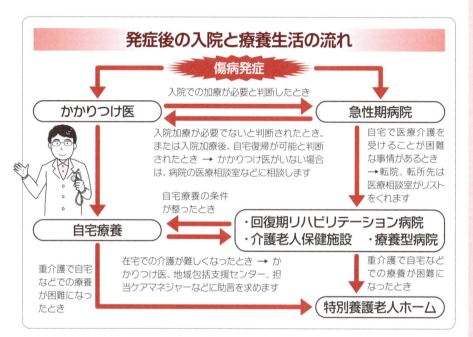

病院の種類

急性期病院 （救急機能を併せ持つ）	発症直後の治療を担う
回復期リハビリテーション病院	急性期から維持期（安定期）までのリハビリテーションを担う。原則3カ月の入院期間がめやす
療養型医療施設・介護療養型医療施設 （療養病床、療養型病院などとほぼ同義語）	医療依存度の高い患者の療養を担う。基本的には終身入院とは限らない ※介護療養型医療施設は介護保険施設

Q3

かかりつけ医

かかりつけの医療機関は「診療所」でも大丈夫ですか？

Q 近所で評判のよい医療機関は、小さな診療所です。かかりつけ医としては、ある程度の規模の病院を選んだほうが安心？（55歳男性）

A 介護が必要な人のかかりつけの医療機関としては、きめ細かな対応をしてもらいやすい診療所のほうがおすすめ。専門的な治療が必要になった場合は、かかりつけ医から病院に紹介してもらうことができます。

ベッドの数で分けられる病院と診療所

病気の診察や治療を行う医療機関には、「病院」と「診療所」があります。法律上、「病院」とされるのは、入院用のベッドが20床以上の施設。19床以下、または入院設備がないところは「診療所」となります。診療所の場合、「病院」という言葉を使うことができないため、「○○診療所」「○○医院」「○○クリニック」などの名称となっています。

病院の役割は、専門的な検査・治療を行ったり、救急搬送された患者さんに対応したりすること。病院には3人以上の医師が所属することとされており、ひとりの医師が診察する患者数の上限も決められています。また、高度な医療を提供する病院や、

ベッド数が多い大規模な病院を受診した場合、紹介状がないと、特別料金（初診時5000円以上、再診時2500円以上）が加算されることがあります。この料金は全額自己負担となります。

かかりつけ医には診療所がおすすめ

診療所の役割は、一般的な病気の診察や治療を行い、専門的なケアが必要な場合は、適切な検査や治療が可能な病院につなぐことです。病院にくらべて医師の人数は少なく、設備も簡素ですが、ちょっとした不調でも気軽に受診することができます。また、大規模な病院にくらべて待ち時間が短いこともメリットのひとつ。医師や看護師とのコミュニケーションがとりやすいため、患者ひ

とりひとりに応じたきめ細かな対応も可能になります。

　病状にもよりますが、自宅介護が必要な人の場合、かかりつけ医は近くの診療所、専門的な検査や治療は病院、と医療機関を使い分けるのがおすすめです。

病院と診療所の違い

	病院	診療所
主な役割	専門的な検査・治療や救急搬送された人の治療を行う	全般的な病気やけがの診察・治療を行う「かかりつけ医」。専門的な検査・治療が必要な場合は、適切な病院へつなぐこともある
医師の人数	3人以上 →外来患者40人に対して1人以上、入院患者16人に対して1人以上	1人以上 とくに決まりはない
紹介状のない場合にかかる特別料金	特定機能病院（高度な医療を提供する病院）、地域医療支援病院（地域医療の中心となる病院）のうちベッドが400床以上 紹介状（医療情報提供書）なしで受診すると…… **特別料金が必要！** 初診時：5000円以上 再診時：2500円以上 ○○総合病院	特別料金等はなし ○○クリニック ベッド数が200〜500床の病院でも、特別料金が加算されることがある。

第1章　かかりつけ医の見つけ方 ● かかりつけの医療機関は「診療所」でも大丈夫ですか？

17

Q4

かかりつけ医

認知症がある場合の
かかりつけ医はどう選ぶ？

Q 脳卒中の後、父に認知症のような症状が見られるようになりました。かかりつけ医で、認知症にも対応してもらえますか？ （53歳女性）

A 「認知症サポート医」や、認知症に対応するための研修を受けた医師など、認知症に関する専門知識をもつ医師を探してみましょう。病気の治療に加え、必要な支援などについても相談することができます。

認知症のケアには
専門的な知識が必要

かかりつけ医となる診療所などの医師は、幅広い病気に対応できますが、認知症のケアに関しては、知識や経験が十分な医師ばかりではありません。そのため、診断が遅れたり、ケアについてのアドバイスを受け入れられない場合もあります。

認知症は、原因や生活環境などによって症状の現れ方が異なるため、適切な治療やサポートを受けるためには、専門家の手助けが必要です。認知症の専門家として地域医療にかかわっているのが、「認知症サポート医」です。

かかりつけ医と連携する
認知症サポート医

認知症サポート医とは、認知症診療の経験があり、厚生労働省が定める研修を修了した医師のこと。専門知識を生かして、認知症、または認知症の疑いがある人と医療・介護施設を適切につなげたり、地域の医師のために、認知症への対応に関する研修やアドバイスを行ったりしています。認知症サポート医と一般的なかかりつけ医が連携することで、認知症の治療や生活面での支援をスムーズに行えるようになります。

認知症サポート医は、認知症を専門に診察・治療する医師ではないため、普段は病院や診療所で一般的な診察にあたっています。自治体によっては、認知症サポート医や、認知症サポート医による研修を受けた医師（かかりつけ医認知症対応力向上研修修了者）の名簿をインターネッ

トなどで公開しています。認知症、またはその心配がある人は、こうした医師の中からかかりつけ医を選ぶようにすると安心です。

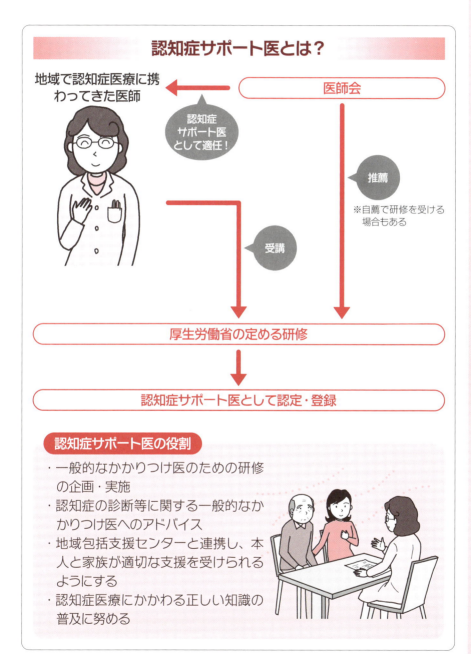

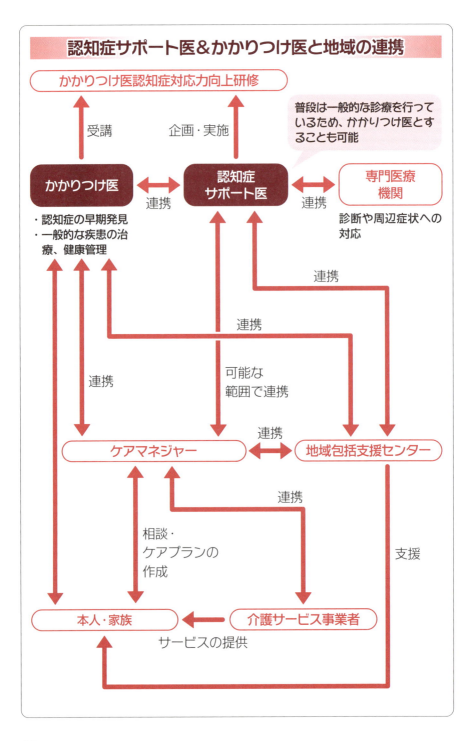

第2章

介護認定の申請

Q5

利用できる年齢

介護保険は何歳から利用できますか?

Q 国民健康保険から介護保険料を納めています。体調が悪いのですが、何歳からサービスを利用できますか?（63歳女性）

A 介護保険は65歳になり、介護・支援が必要と認定されたら利用できます。40〜64歳でも特定の病気が原因の場合は利用できます。

介護保険では65歳が大きな区切りになっている

介護保険は、40歳以上の人が加入し保険料を納め、介護が必要になったときに介護保険サービスが利用できる制度です。

この介護保険の加入者(被保険者)は、40〜64歳の「第2号被保険者」と65歳以上の「第1号被保険者」に分かれます。65歳以上で介護が必要と認められればサービスが利用できます。また、40〜64歳の人でも、加齢にともなって生じる病気（特定疾病＝右ページ参照）によって介護が必要と認められればサービスが利用できます。

介護保険の保険料は年齢などによって納め方が違う

介護保険の運営（保険者）は市区町村単位で行っていますが、その財源は50%が税金で、残りの50%は65歳以上の人の保険料と40〜64歳の人の保険料でまかなわれています。被保険者の保険料は市区町村の事業規模によって違うので、全国一律ではありません。また所得によっても保険料は異なります。

保険料の納め方も65歳が区切りになります。40〜64歳の人は国民健康保険料(税)や職場の健康保険料といっしょに納めますが、65歳以上の人で年金の給付額が18万円以上の人は年金から天引きされます（特別徴収）。特別徴収に該当しない人は役所から送られてくる「納付書」を用いたり、口座振替で納めます（普通徴収）。

介護保険料の納め方

◆40〜64歳の人の納め方

	保険料の決め方	納め方
国民健康保険の加入者	世帯に属している第2号被保険者の人数や所得などによって決まります。	同じ世帯の第2号被保険者全員の医療分・後期高齢者支援分（※1）・介護分を合わせて世帯主が納めます。
被用者保険の加入者	健康保険組合、共済組合など、加入している医療保険の算定方式に基づいて決まります。	医療分・後期高齢者支援分と介護分を合わせて、給与から差し引かれます。なお40〜64歳の被扶養者（主婦など）は個別に保険料を納める必要はありません。

※1　後期高齢者医療にかかる費用の一部を、公的医療保険が支援金として負担する制度。

◆65歳以上の人の納め方

①特別徴収（年金の給付額が年額18万円以上の人）	介護保険の保険料は年金の支給月、年6回に分けて天引きされます。 （4月）（6月）（8月）（10月）（12月）（2月） 特別徴収の対象となる年金は、老齢年金、障害年金、遺族年金です。
②普通徴収（特別徴収に該当しない人）	保険者（市区町村）から送られてくる納付書で納めます。また口座振替も可能です。

※普通徴収の人は口座振替を選択することができますが、特別徴収に該当する人はすべて年金から引き落とされ、口座振替を選択することはできません。

16の特定疾病

- ・がん末期
- ・関節リウマチ
- ・筋萎縮性側索硬化症
- ・後縦靭帯骨化症
- ・骨折を伴う骨粗鬆症
- ・初老期における認知症
- ・パーキンソン病関連疾患
- ・脊髄小脳変性症
- ・脊柱管狭窄症
- ・早老症
- ・多系統萎縮症
- ・糖尿病性神経障害・糖尿病性腎症及び糖尿病性網膜症
- ・脳血管疾患
- ・閉塞性動脈硬化症
- ・慢性閉塞性肺疾患
- ・両側の膝関節または股関節に著しい変形を伴う変形性関節症

第2章　介護認定の申請　● 介護保険は何歳から利用できますか？

Q6

申請の相談

介護保険はどこで相談すればいい？

Q 父親は最近、体が衰弱し生活に支障が出てきました。介護保険を利用したいのですが、どこで相談すればいいですか？（47歳女性）

A かかりつけ医・役所の高齢者福祉課・地域包括支援センター・居宅介護支援事業者・民生委員などに相談できます。

まず、かかりつけ医に相談を

高齢であれば、かかりつけの医師がいる人も多いでしょう。「そろそろ介護保険を利用したほうがよいのでは？」そう感じたら、家族なら「通院につき添い、かかりつけ医に健康状態を尋ね、介護認定を申請できるか、率直に相談するのが早道です。

なぜなら、介護保険の認定には「主治医の意見書」が必要なので、相談した時点で「要介護状態ではない」とかかりつけ医が判断したら、その意見が認定に大きく影響し、希望の認定がされない場合があるからです。

具体的な申請の手続きなどは医療機関の規模によって、医師からではなく、医療相談員（ソーシャルワーカー）から説明を受けます。

要介護の認定は、市区町村の介護保険課などに申請をします。

「地域包括支援センター」などでも相談できる

とくにかかりつけ医がいなかったり、通院の日まで待てなかったりする場合は、住所地の「地域包括支援センター」を訪ねることをおすすめします。

地域包括支援センターは原則、中学校区ごとにある施設で社会福祉士や保健師、主任ケアマネジャーらが常勤し保健医療や介護の相談事業を行っています。

「要介護」の状態に至っていない「要支援」の人たちのケアプランはこの地域包括支援センターで行っているため、地域の介護事情を広く把握している強みのある施設です。

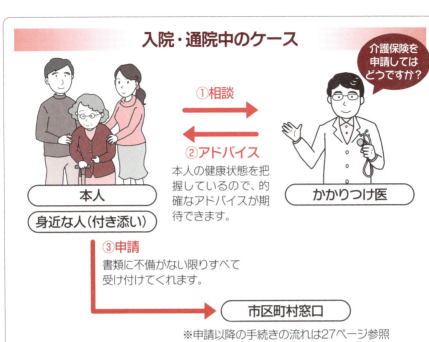

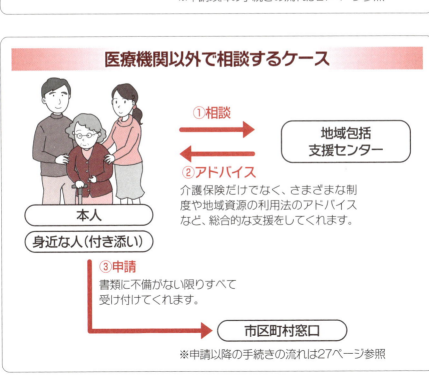

Q7

とりあえずの申請

介護保険はとりあえず申請したほうがよいですか?

Q 90歳の母親はもの忘れがひどくなりました。とりあえず介護保険を申請したほうがよいですか?（63歳男性）

A 現在、介護が必要でないなら、介護保険を申請する必要はないでしょう。もし、必要になったとき、認定が間に合わなくても申請日から暫定的にサービス利用できるしくみがあります。

「とりあえずの申請」は、むだになることが多い

「お母さんは高齢だから、介護保険を申請しておいたほうがいいんじゃない?」

「使わなくても、申請しておいたほうが、いざというとき安心よ」

子どもたちでこんな会話が交わされることもあると思います。

この家族の誤解は、介護保険は利用したいサービスがあって申請するものであり、たとえ高齢でも利用したいサービスがなければ、申請してもあまり意味がないということです。

さらに、介護保険制度は市区町村から「介護が必要」「支援が必要」と認められなければサービスは利用できないしくみです。ですから、いくら高齢だからといって、自立した生活ができているのに申請しても、介護認定が下りることはありません。

認定されていなくてもサービスは利用できる

介護保険のサービスは図のように、①申請→②訪問調査→③一次判定→④二次判定を経て⑤要介護状態区分の認定が決定し、申請者に結果が通知されます。

①〜⑤の期間はおよそ1〜2カ月あります。多くの人が心配するのは、①申請の時点で介護が必要な状態にあり、介護保険を利用して「介護ベッドを借りたい」「訪問介護に来てもらいたい」などの希望があるときはどうするか? こうしたケースを心配して、あらかじめ介護認定を受けておきたいと考える人が多いのでしょう。しかし、心配はいりません。

26

①申請の時点で介護支援事業者（ケアマネジャー）に「暫定ケアプラン」を作成してもらえば、すぐに介護保険のサービスは利用できます。サービスの費用は、暫定プラン中は一般的には留保され、認定結果を待って請求されます。なお、後日、認定されたとき、介護認定は申請日にさかのぼって有効となります。

ただし、暫定的に「要介護3」のケアプランでサービスを利用したのに、実際は「要介護1」と認定された場合、支給限度額を超えた分は自己負担になるので、注意しましょう。

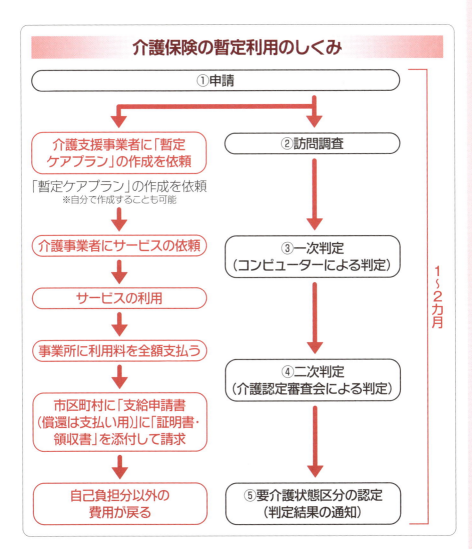

Q8

保険証を紛失

申請したくても
介護保険証がありません

Q 母は介護が必要になりましたが、家を探しても介護保険の保険証が見当たりません。再発行してもらえますか?（52歳男性）

A よく探して見つからなかったら、「介護保険被保険者証再交付申請書」という書類を役所に提出して再交付してもらいましょう。

「被保険者証」は65歳の誕生日前に送られてくる

　介護保険の保険証(被保険者証)は医療保険の保険証と違い、病院などで提示する必要がないので、タンスの奥にしまいこんだら、どこにあるか見当たらなくなったという高齢者は少なくありません。保険証は65歳の誕生日前に送られてきますが、有効期限はありません。認定を受けなければ10年も20年も放っておかれることがあるうえ、実際の申請は家族が代行することが多いので、よけいに保管場所がわからなくなることが多いのです。家族は保管場所を把握しておくと安心です。

「被保険者証」をなくしてしまったら

　被保険証を紛失したり破損してしまったら、市区町村の役所に連絡し再交付を申請しましょう。申請者によって必要な書類が違います。市区町村によって多少の違いはありますが、代表的な必要書類の例を紹介しましょう。

●本人が申請する場合

・本人の個人番号が確認できるもの（マイナンバーカード、通知カード）

・本人確認できるもの（マイナンバーカード、運転免許証、パスポート、身体障害者手帳など）

※マイナンバーカードであれば1点で済みます。

●住民票が同じ世帯の人が申請する場合

・再交付する対象者の個人番号が確認できるもの（マイナンバーカード、通知カード）※コピー可か

は役所にお尋ねください。
・申請者の本人確認できるもの（運転免許証、パスポート、身体障害者手帳など）

●**住民票が別世帯の人が申請する場合**
・再交付する対象者の個人番号が確認できるもの（マイナンバーカード、通知カード）※コピー可かは役所にお尋ねください。
・申請者の本人確認できるもの（運転免許証、パスポート、身体障害者手帳など）
・代理人と証明できるもの（本人からの委任状）

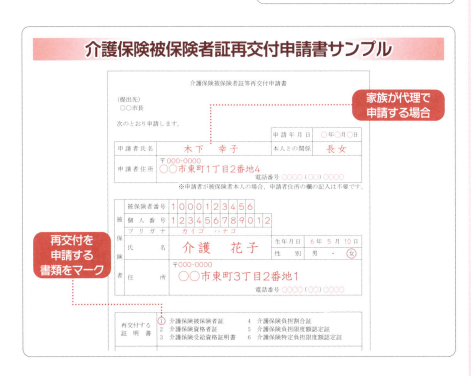

Q9 申請の拒否

介護保険サービスの利用を本人が拒否します

Q 脳梗塞で倒れた父は、介護保険の利用を拒否します。介護する母も体が弱く、このままでは共倒れが心配です。(54歳男性)

A 介護保険制度がスタートした当初は、世間体から保険の利用を嫌がる高齢者も多かったようですが、いまは、普通に使われている保険であることを説明し理解してもらいましょう。

「家内がいるから、介護保険は無用」

　介護保険制度が一般化したことで、いまでは介護保険について知らない高齢者はほとんどいないでしょう。しかし、実際に要介護状態になったとき、自分から進んで介護保険の利用を申し出る高齢者はそう多くはないようです。

　とくに、夫が要介護状態になったとき、「介護は妻に任せる」と介護保険の利用を拒否することが多くあります。同居あるいは別に暮らす子どもから見たら、母の負担が日に日に大きくなり、気が気ではありません。このまま行けば夫婦共倒れも心配されます。そうしたときは、子どもの口から介護する母の負担の大きさを伝え、少しでも軽くするために介護保険の利用を勧めてみましょう。

女性は他人が台所に入るのを嫌がる

　「介護は妻がしてくれる」と言い張る男性に比べ、介護が必要になるのは夫を亡くしてから、というケースが多い女性は、家族の負担を考え比較的、介護保険の利用に抵抗がないようです。ただし、訪問介護などで他人が家に上がってきたり、台所を使われたりするのをきらい、介護保険を拒絶する人もいます。そうした母親には、介護保険サービスは多様で、ベッドを借りたり、デイサービスに通ったりできるサービスもあり、使いたいものだけ使えばいいことを説明しましょう。

本人への説得例

①「保険料を納めているのだから、堂々と使っていいのよ」

本人は、保険料を支払っているのだから申請して利用できる資格があります。利用者が特別な人でないことを強調しましょう。

②「友だちのAさんだって利用しているよ」

知り合いが利用していれば、自分だけ老いたという意識は薄れるので、差し支えない範囲で例をあげて説得する方法もあります。

③「使いたくないサービスは使わなくていいよ」

他人が家に上がる訪問介護などを嫌がる高齢者もいます。介護保険は使いたいサービスだけ使えばいいことを伝えましょう。

④「気に入らなかったら事業者は変えられるよ」

通所介護事業者など、気に入らなかったら別の施設を選ぶことができるので、最初から警戒しすぎないように説得しましょう。

Q10

申請後の流れ

申請したあとは
どんな流れですか?

Q 介護保険は役所に申し込みさえすれば、すぐにサービスが利用できるのですか? (65歳男性)

A どのくらい介護が必要かは、コンピュータによる一次判定と、特記事項や主治医の意見書などを踏まえた二次判定をもとに、介護認定審査会の審議を経て決定されます。

申請すると認定するための訪問調査が行われる

　介護が必要になったら、市区町村の窓口などに「公的な介護のサポートが必要かどうか」の認定を受けるための申請をしなくてはいけません。申請すると、「訪問調査」の日程の連絡があるので、本人と同席する家族の都合を考えて希望の日時を伝えます。

　市区町村の職員、あるいは委託された居宅介護支援事業者が訪問調査員として聞き取り調査を行います。この聞き取り調査は、とくに難しい質問をするのではなく、普段どのような生活を送っているか、どのような身体的な不具合があるかなどの内容ですが、調査員にはありのままを見聞きしてもらうことが大事です

（受け方のポイントは38ページ）。調査時間は30分から1時間程度です。

主治医の意見書が認定結果に大きく影響する

　介護が必要になる主な原因とされるのは認知症、脳卒中、転倒・骨折、関節障害などで、対象者の多くは医療的なケアが必要な高齢者です。医学的に見てどの程度介護が必要かは認定するうえで重要なポイントになるので、「主治医が書く意見書」によって、認定は大きく左右されます。ですから、かかりつけ医（主治医）がいれば、その医師に介護保険の申請についてあらかじめ相談しておくとよいでしょう。本人の健康状態や要介護状態を考えた、より適切な意見書がもらえる可能性が増えるでしょう。

認定の手順

①要介護認定・要支援認定の申請

介護が必要になったとき、本人または家族などが市区町村の窓口あるいは地域包括支援センターに申請します。このとき、「介護保険被保険者証」などを提出します（提出物は34ページ参照）。

②認定調査

市区町村の職員、または委託した居宅介護支援事業者（ケアマネジャー）などが自宅などを訪問し、心身の状況などについて、本人や家族から聞き取り調査を行います。

②主治医の意見書

本人のかかりつけ医（主治医）に、心身の状況について市区町村より意見書の作成を依頼します。主治医がいない場合は、市区町村が指定した医師の診断を受けます。

③審査・判定

コンピュータに認定調査の結果と主治医の意見書が入力され、一次判定がなされます。一次判定の結果と認定調査における特記事項・主治医の意見書をもとに市区町村が任命した保健・医療・福祉に関係する学識経験者で構成された「介護認定審査会」で審査し、介護の必要性を総合的に判断され、要介護状態区分が判定されます。

一次判定 ＋ 特記事項・主治医の意見書 → 介護認定審査会

④認定・通知

介護認定審査会の判定に基づき、「要支援1・2」「要介護1～5」の認定、「非該当」の決定が行われます。その結果が記載された「認定結果通知書」と認定結果が記載された「介護保険被保険者証」が原則として申請日から30日以内に送られてきます。事情によって遅れることがあります。

Q11 介護保険の申請にはどんな書類が必要ですか?

申請に必要な書類

Q 介護保険の要介護・要支援認定の申請をしたいのですが、どんな書類などを用意すればいいのでしょうか？（60歳女性）

A 要介護認定・要支援認定申請書、介護保険被保険者証（介護保険証）、健康保険被保険者証（65歳未満の場合）、マイナンバーの確認書類が必要です。

役所の窓口などに本人が申請する方法

　介護保険の「要介護・要支援認定」の申請は、「①本人が行う」「②同居家族が行う」「③同居していない家族や施設などの職員が行う」方法があります。

　いちばんてっとり早いのは、あらかじめ役所の窓口に連絡し、本人と家族で窓口に出向き「**要介護認定・要支援認定申請書**」の書き方を職員に聞きながら記入する方法です。

　本人が申請するので、本人の「**介護保険被保険者証**」と、個人番号（マイナンバー）を確認できる書類があればその場で申請できます。ただし、本人が65歳未満で健康保険など被用者保険の加入者の場合は、保険料の納付状況を確認するために、健康保険被保険者証のコピーが必要です。

家族などが申請する方法

　その場で書いて申請するのは難しく、あらかじめ申請書を取り寄せる場合、申請書は役所や地域包括支援センター、介護支援事業者などに用意されています。また、役所のホームページから申請書をダウンロードすることも可能です。

　家族が代行する場合は、申請者の身分を確認する運転免許証やパスポートなどが必要です。

　また、同居でない家族の場合は委任状が必要なところもあります。市区町村によっては郵送の申請を受け付けているところもあるので確認しましょう。

申請に必要な書類（例）

◆本人が申請の場合
①要介護認定・要支援認定申請書
②介護保険被保険者証
③健康保険被保険者証（65歳未満の被用者保険の加入者のみ）
④本人の個人番号が確認できるもの（マイナンバーカード、通知カード）
※コピー可かは役所にお尋ねください。

◆住民票が同じ世帯の家族が申請する場合
①〜④に加え
⑤申請者の本人確認できるもの（運転免許証、パスポート、身体障害者手帳など）

◆住民票が別世帯の人が申請する場合
①〜⑤に加え
⑥代理人と証明できるもの（本人からの委任状）
※市区町村によって必要な書類が違うのであらかじめ窓口に確認ください。

要介護認定・要支援認定申請書サンプル

フルネームで

第2章 介護認定の申請 ● 介護保険の申請にはどんな書類が必要ですか？

35

Q12

主治医の意見書

主治医の意見書で
作成する主治医がいない場合は?

Q 介護保険の認定申請に主治医の意見書が必要と聞きましたが、とくに主治医はいません。どうしたらいいのでしょう?（52歳女性）

A 主治医がいない場合は、市区町村が指定した医師の診断を受けて意見書を書いてもらいます。

主治医がいれば、主治医に意見書を書いてもらう

「要介護認定・要支援認定申請書」には主治医の欄があるので、主治医（かかりつけ医）がいれば、その欄に書き込みます。その欄にある主治医に役所が直接連絡し、「主治医の意見書」の作成を依頼し、主治医から役所へ提出されます。

しばらく診察を受けていない場合は、正しい診断を受けるために主治医を受診するようにします。意見書を作成するための受診の費用と意見書の作成費は、介護保険でまかなわれるので利用者の負担はありません。ただし、治療が行われた場合は医療保険の自己負担分を支払います。

主治医がいないときは市区町村に紹介してもらう

介護保険を申請する人は、何かしらの疾患をもち通院しているケースがほとんどです。ただ、転居したばかりや、持病があってもしばらく通院していないので主治医がいない人もいます。そうした人は、役所に依頼すれば市区町村が指定した医師の診断を受けることができます。こちらも、治療が行われれば治療費がかかりますが、受診のための費用と意見書の作成費の負担はありません。

主治医がいても、いなくても診断を受けるときは、速やかに受診しましょう。意見書の到着が遅れると認定結果が出るのが30日を大幅に超える場合があります。

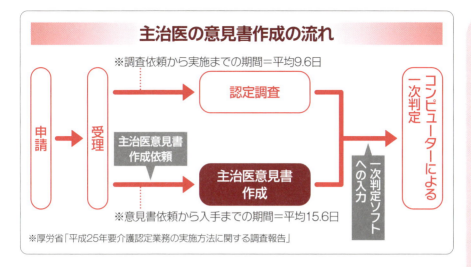

主治医の意見書の内容（例）

1 本人と医師の氏名など
・本人の名前・生年月日
・医師氏名・医療機関名
・最終診察日　など

2 疾病に関する意見
・診断名
・症状としての安定性
・治療内容

3 特別な医療
・点滴の管理、中心静脈栄養、経管栄養、透析、ストーマの処置、褥瘡の処置など

4 心身の状態に関する意見
・日常生活の自立度
・認知症の中核症状
・認知症の周辺症状
・その他の精神・神経症状
・身体の状態（マヒ、筋力の低下、関節の拘縮など）

5 生活機能とサービスに関する意見
・移動
・栄養・食生活
・生活の不具合
・サービス利用の効果
・医学的管理の必要性

6 医学的な面からの特記事項

Q13

訪問調査の受け方

訪問調査で正しく判定
してもらえるか心配です

Q 認知症の母は、他人には受け答えもしっかりして軽度に見えます。訪問調査で正しく判定してもらえるでしょうか？（64歳男性）

A 認知症を理由に介護保険の申請をする多くの人は、同じ心配をします。訪問調査員もそのあたりはよくわかっていると思いますが、家族からありのままの様子を伝えましょう。

訪問調査の目的と行われ方

　介護保険の申請を行うと、役所から訪問調査を行う場所・駐車場の有無・都合の悪い日などの問い合わせがあり（申請時に簡単な調査票を提出するケースもある）、訪問日が決まります。

　調査員は市区町村の職員か委託されたケアマネジャーです。調査時間は40〜60分程度です。よく茶菓の接待などを気にする家族がいますが、あまり神経質にならないほうがいいでしょう。調査中は飲食できませんし、終わったら次の仕事もあるので引き留めるのは迷惑かもしれません。

　調査は全国共通の認定調査票が用いられ、本人や家族からの聞き取りや動作確認を行います。こうした基本調査の結果をコンピュータに入力し「**一次判定**」が行われます。さらに、基礎調査では伝えきれない項目で、調査員が重要と考えた内容を自由記入で具体的に表す特記事項と、主治医の意見書を加えて「**二次判定**」が行われます。

訪問調査を受けるポイント

　本人の状態に合ったサービスを利用するには、要介護状態を正しく判定してもらわなくてはいけません。質問者のように、認知症の利用者の場合、とくに正しく判定されるか心配でしょう。それには、ある程度、心構えと準備が必要です。受け方のポイントとしては、次のようなことを考慮しましょう。

①家族が同席しましょう

本人だけで受けると、認知症の高齢者はとくに、「困ったことはない」と言いがちです。家族も同席して、日ごろどんな介護が行われているかを説明しましょう。

②できるだけ具体的に説明しましょう

「歩行ができるか?」という質問で、本人は「はい」と答えたらそれで終わりです。家族はそのままにしないで、「起き上がってしばらくは歩けない」「壁に手をつかないと歩けない」「歩けても時間がかかる」など、歩ける・歩けない状況を具体的に説明しましょう。

③普段の本人の様子や困っていることをメモしておきましょう

訪問調査員からいきなり、「どんなことに困っているか?」と質問されても適切に答えられるものではありません。「本人の状況」「家族が困っていること」などをメモして、介護保険を申請した根拠を具体的に説明しましょう。

基本調査項目

1	身体機能・起居動作	麻痺・拘縮の有無、寝返り、起き上がり、座位保持、両足での立位保持、歩行、立ち上がり、片足での立位、洗身、つめ切り、視力、聴力
2	生活機能	移乗、移動、えん下、食事摂取、排尿、排便、口腔清潔、洗顔、整髪、上衣の着脱、ズボン等の着脱、外出頻度
3	認知機能	意思の伝達、毎日の日課を理解、生年月日を言う、短期記憶、自分の名前を言う、今の季節を理解、場所の理解、徘徊、外出すると戻れない
4	精神・行動障害	被害的になる、作話、感情が不安定になる、昼夜の逆転がある、同じ話をする、大声をだす、介護に抵抗する、落ち着きがない、一人で外に出たがる、収集癖、物や衣類を壊す、ひどい物忘れ、独り言や独り笑い、自分勝手に行動する、話がまとまらない
5	社会生活への適応	薬の内服、金銭の管理、日常の意思決定、集団への不適応、買い物、簡単な調理
6	日常生活自立度	
7	特別な医療	

第2章 介護認定の申請 ● 訪問調査で正しく判定してもらえるか心配です

Q14

要介護状態の認定はどんなめやすで決まるのですか?

要介護認定のめやす

Q 介護報酬の支給限度額によって、「要支援2」とか「要介護4」とか聞きますが、どんなめやすで決まるのですか?（78歳男性）

A どの程度の介護が必要かを示す要介護状態区分は、心身の状態を総合的に判定されます。軽い人から要支援1・2、要介護1〜5、そしてどちらにも該当しない「非該当」のいずれかに判定されます。

認定には「要支援」「要介護」「非該当」の3つがある

要介護状態の認定は、心身の状態を総合的に判断され、「**要支援**」「**要介護**」「**非該当（自立）**」に判定されます。

介助が必要だが比較的自立した生活ができる人で「要支援1・2」と認定された人は、「**介護予防サービス**」が利用できます。日常的に介助が必要な人は「要介護1〜5」と認定され、「**介護サービス**」が利用できます。

介護が必要ない「非該当（自立）」と判定されると、介護保険によるサービスは利用できません。ただし、要支援・要介護と認定はされないものの、生活機能が低下していると判断されれば、地域支援事業のなかの介護予防事業やほかの福祉サービスなどを利用できる場合があります。

「要支援」では地域包括支援センターの保健師などが介護予防ケアプランを作成し、介護予防サービスを利用します。「要介護」では、居宅介護支援事業者や施設のケアマネジャーなどがケアプランを作成し、介護サービスを利用します。

要介護状態区分の意味

要介護認定が大きな意味を持つのは、認定された区分によって1〜3割の自己負担で利用できるサービスの量が違うからです。たとえば、「要支援2」と認定されたら約10万円まで、「要介護4」と認定されたら約30万円までサービスが利用できます。

重く認定されたら、それだけ1〜3

割で利用できるサービスをたくさん使えるということなので、可能な限りサービスを利用したいという本人や家族にとっては有利です。ただし、サービスによっては要介護3以上は利用できるが、要介護2では利用できないといった利用制限のあるものもあります。

要支援・要介護度認定のめやす

要支援1	**日常生活上の支援または介護予防を要する** 歩行や起き上がりなどの日常生活上の基本動作については、ほぼ自分で行うことができるが、薬の内服、調理や買い物などのIADL(手段的日常生活動作)において何らかの支援を要する状態。
要支援2	**日常生活上の支援または介護予防を要する** 要支援1の状態からIADLを行う能力がわずかに低下し、何らかの支援が必要となる状態。
要介護1	**部分的介護を要する** 日常生活上の基本動作についても、自分で行うことが困難であり、要支援2の状態からIADLを行う能力が一部低下し、部分的な介護が必要となる状態。
要介護2	**軽度の介護を要する** 要介護1の状態に加え、日常生活上の基本動作についても、部分的な介護が必要となる状態。
要介護3	**中等度の介護を要する** 要介護2の状態と比較して、日常生活上の基本動作及びIADLの両方が著しく低下し、ほぼ全面的な介護が必要となる状態。
要介護4	**重度の介護を要する** 要介護3の状態に加え、さらに動作能力が低下し、介護なしには日常生活を営むことが困難な状態。
要介護5	**最重度の介護を要する** 要介護4の状態よりさらに動作能力が低下していて、介護なしには日常生活を行うことがほぼ不可能な状態。
非該当	**自立している** 日常生活上の基本動作を自分で行うことが可能であり、IADLを行う能力もあって、支援や介護を必要としない状態。

第2章 介護認定の申請 ● 要介護状態の認定はどんなめやすで決まるのですか?

41

Q15

認定結果の通知

要介護認定の結果はどのように知らされますか?

Q 訪問調査のあと、どのくらいで結果が知らされますか? 電話による連絡ですか? それとも役所に行くのですか?(83歳女性)

A 認定結果は訪問調査のあと、平均で36.5日(※1)後に、郵送で通知されます。介護のプランを作るところから始めましょう。

認定結果は原則30日以内に通知される

認定結果は原則30日以内に通知されますが、さまざまな理由から遅れることがあります。認定結果が遅れる場合は、認定結果が遅れている理由や認定結果が出る予定日を記載した「介護保険要介護認定・要支援認定等延期通知書」が通知されることになっています。通知が届いたら、内容物をまず確認しましょう。一般的には次のようなものが送られてきます。

①要介護認定・要支援認定結果通知書
②介護保険被保険者証(申請時に提出したものに必要事項が記入されて戻ってくる)

ここまでは、どの市区町村も同じですが、このほか

③要介護認定の結果のお知らせ
④サービス利用の手引き

といったビラやパンフレットを同封する自治体もあります。

「介護保険被保険者証」はなくさないように保管する

介護保険を利用する前は特段、必要を感じなかった介護保険被保険者証ですが、認定後は下記の際に必要になるのでしっかり保管しましょう。

①認定の申請・更新のとき
②居宅サービス計画(ケアプラン)の作成依頼の届出をするとき
③介護サービスを利用するとき
④償還払いなどの保険給付の支給申請をするとき
⑤保険料や利用者負担などの減免申請をするとき

※1 厚労省「平成25年要介護認定業務の実施方法に関する調査報告」より

要介護認定・要支援認定結果通知書サンプル

申請後、市区町村から30日前後で通知書が届く

第○号様式（第○条関係）

介護保険　要介護認定・要支援認定等結果通知書

〒000-0000
○○市東町1丁目2番地3
介護　花子　　　　　　　　　　　様

第　　　号
年　月　日

○○市長　　　　印

　　年　　月　　日あなたが行った要介護認定・要支援認定等の申請について、介護認定審査会において次のとおり審査判定されましたので、認定し通知します。

被保険者番号	0 1 2 3 4 5 6 7 8 9	被保険者氏名	介護　花子

認定結果

要介護1 ⋯⋯⋯⋯⋯⋯⋯⋯⋯⋯⋯⋯⋯⋯⋯⋯⋯

認定結果が通知される

理由

認定の有効期間

「要介護」及び「要支援」の場合、その認定期間等

認定の有効期間	平成30年　5月　8日から平成31年　5月31日まで

・要支援と認定された方は、被保険者証を　　　　　　　　　　課に提出してください。ただし、既に被保険者証を提出されている方は、不要です。
・認定の有効期間内であっても、状態の変化等により状態区分の変更をする場合があ

戻ってくる介護保険被保険者証サンプル

介護保険被保険者証

被保険者	番　号	1 2 3 4 5 - 6 7 8 9 0
	住　所	○○区○○1-2-3
	フリガナ 氏　名	介護　太郎
	生年月日	昭和5年　5月　5日　性別　男
	交付年月日	平成30年　4月　1日
保険者番号並びに保険者の名称及び印		○○市

要介護状態区分	要介護1	
認定年月日	平成30年3月20日	
認定の有効期間	平成30年3月20日～平成31年3月31日	
区分支給限度基準額		
居宅サービス等	平成30年3月20日～平成31年3月31日 1月当たり	00,000単位
うち種類支給限度基準額	サービスの種類	種類支給限度基準額
認定審査会の意見及びサービスの種類の指定		

43

認定結果への不服申し立て

Q16 要介護認定の結果に不服があるときは?

Q 母の要介護認定の結果が届き、あまりに低く判定されていてびっくり。不服なのですがどうしたらいいでしょう。(56歳女性)

A 市区町村の介護保険窓口で不服を申し立てましょう。どこが納得できないか説明し、資料の開示を求める方法があります。

市区町村の介護保険窓口に納得できないことを告げる

　介護保険の認定方法は、全国共通の項目で行われる「基礎調査」「主治医の意見書」、調査員が記入する「特記事項」が判定のベースになっているので、地域による不公平が起こりにくいしくみになっています。ただ、いつも身近にいる家族しかわからない事柄もあり、「軽度」と判定されても、家族から見たら「重度」としか思えない場合もあるでしょう。そうした場合は、市区町村の介護保険の窓口で認定結果に納得いかないことを相談しましょう。

不満を解消する方法は2通りある

　役所の窓口では「どのように納得できないか」尋ねられるので、不満に思う点を整理してメモしておくとよいでしょう。認定調査票や特記事項、主治医の意見書などの公文書の開示を求めることもできるので、資料開示請求のしかたは窓口の職員に教えてもらいましょう。

　開示された資料を入手できたら、実際の調査と家族の見方とどこに差があったかよくわかるでしょう。その資料に納得できたら、認定結果を受け入れるしかありません。もし調査結果に不満があったら、

①都道府県の介護保険審査会に3カ月以内に不服の申し立てを行う
②市区町村の窓口などに要介護状態区分の認定変更を申請する

といった2通りの審査請求を行う方法があります。

　①の介護保険審査会への不服申し

立ては、日数がかかるうえ準備する書類なども多いので、実際に申し立てる人はあまり多くはないようです。

②の方法は、1回目の申請と同じ手順になります。申請後、訪問調査が行われ、コンピュータによる1次判定を経て主治医の意見書・調査票の特記事項をもとに介護認定審査会で審議されます。

1回目と同じ結果にならないように、開示した資料と家族が感じている本人の状態を比べ、訪問調査員に具体的に伝えましょう。

主治医の意見書に疑問があれば、もう一度診察を受けて日ごろの様子を再度伝えましょう。

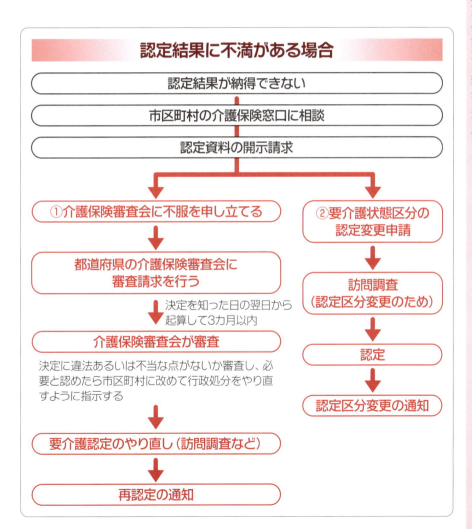

Q17

要介護状態区分

要介護状態区分は ずっと同じですか?

Q 父は介護保険を申請し「要介護2」と認定されたのですが、この区分はずっと同じですか?（50歳男性）

A 新しく認定された人の介護保険の有効期間は原則6カ月。有効期限終了日の60日前から更新申請ができます。放っておいて終了日が過ぎるとサービスが利用できなくなるので注意しましょう。

要介護・要支援の認定には有効期間がある

新しく認定された人も、区分変更を行った人も、あるいは要介護状態に変化がない人も、認定には有効期間があります。

新しく認定された人や区分変更をした人は、まだ状態が定まらない可能性があるので、認定の有効期間は原則6カ月です。要介護度に変更なく更新した人は原則12カ月の有効期間になります。

どちらも「原則」としたのは、市区町村の裁量によって、新規・変更のあった人は3~12カ月、変更のなかった人は3~36カ月まで有効期間を設定することが認められているからです。とくに変化がなければ、ほぼ3年間更新手続きをしなくてよい

ことになっています。

有効期限が近づいたら、役所から更新手続きの書類が送られてきます。有効期間満了の日の60日前から申請手続きができるので、遅れないようにしましょう。申請を行ったら、要介護認定を受けて新しい区分に認定されます。

そのあたりのことは、ケアマネジャーが教えてくれるはずですので、確認しましょう。

本人の状態に変化があったら区分変更申請ができる

本人の状態に変化があった場合は、更新時でなくても、いつでも要介護認定区分の変更申請ができます。重くなった場合も、逆に軽くなった場合も申請できます。

46

認定の有効期間

◆**新規申請した場合**

原則6カ月
（市区町村の裁量で3〜12カ月）

←60日→ ……有効期間の満了の60日前から更新の申請ができる

- 新規申請
  申請書
  要介護・要支援
  認定申請書

- 更新
  申請書　要介護更新認定・要支援
  更新認定申請書

状態に変化があった場合は、いつでも要介護状態区分の変更申請ができる
申請書　要介護認定・要支援認定区分変更申請書

◆**区分変更申請した場合**

原則6カ月
（市区町村の裁量で3〜12カ月）

←60日→ ……有効期間の満了の60日前から更新の申請ができる

- 新規申請
  申請書
  要介護・要支援認定申請書

- 更新
  申請書　要介護更新認定・要支援更新認定申請書

状態に変化があった場合は、いつでも要介護度状態区分の変更申請ができる
申請書　要介護認定・要支援認定区分変更申請書

◆**更新申請した場合**

有効期間の満了の60日前から更新の申請ができる

原則12カ月
（市区町村の裁量で3〜36カ月）　←60日→

- 更新申請
  申請書
  要介護更新認定・要支援
  更新認定申請書

- 更新
  申請書　要介護更新認定・要支援更新認定申請書

状態に変化があった場合は、いつでも要介護状態区分の変更申請ができる
申請書　要介護認定・要支援認定区分変更申請書

第2章　介護認定の申請 ● 要介護状態区分はずっと同じですか？

Q18
要介護度は高いほうがトクですか？

Q 父は「要介護1」ですが、サービスがたくさん使える「要介護3」「要介護4」と認定されたほうがトクですか？（48歳女性）

A 要介護度が上がるとサービスによって基本料が高くなるので、必ずしも重く認定されたほうがトクということはありません。

要介護状態区分

要介護度によって使えないサービスがある

　要介護度によって使えたり、使えなかったりするサービスがあります。たとえば、「施設サービス」は要介護1または3以上でなくては利用できませんし、「認知症高齢者共同生活介護（認知症高齢者グループホーム）」は要支援2以上です。また、利用頻度の高い「福祉用具貸与」でも、介護用ベッドや車いすのレンタルは原則要介護2以上の人しか利用できません。

　このように要介護度によって利用できるサービスとできないサービスがあるので、利用できるサービスの選択肢が広がるという意味では、「要介護認定は重いほうが有利」という考え方も間違いではありません。

要介護度が上がると基本料が高くなる

　いっぽうで、要介護度が上がると利用者の負担が増えるという不利な面もあります。たとえば、通所介護では、同じ施設に通い同じサービスを利用しても、自己負担1割の場合、「要介護1」では1日645円に対し、「要介護3」では883円と200円以上も負担が多くなってしまいます。

　要介護度によって介護量が違うからですが、利用者側から見れば「1日200円も違うのか」と納得できないかもしれません。ですから、状態が悪化したときだけでなく、よくなったときも要介護認定区分（40ページ参照）変更の申請をすることをおすすめします。本人の状態に合った認定を受けるのが最良です。

要介護度によって変わるサービス利用料の例

要介護度と関係なく利用料が設定された主なサービス

- 訪問介護
- 訪問リハビリテーション
- 夜間対応型訪問介護
- 訪問入浴介護
- 訪問看護
- 居宅療養管理指導
- 福祉用具の貸与・購入
- 住宅改修

要介護度によって利用料が違う主なサービス

- 通所介護
- 通所リハビリテーション
- 認知症対応型通所介護
- 短期入所生活(療養)介護
- 小規模多機能型居宅介護
- 認知症対応型共同生活介護
　（認知症高齢者グループホーム）
- 有料老人ホームなどの特定施設入居者生活介護
- 特別養護老人ホームなどの施設介護
- 定期巡回・随時対応訪問介護看護
- 看護小規模多機能型居宅介護

●通所介護の利用料

（通常規模＝月平均利用者数300〜750人・7時間以上8時間未満）

要介護1	645円
要介護2	761円
要介護3	883円
要介護4	1,003円
要介護5	1,124円

※要支援1・2の人はサービスの対象にならない

●認知症高齢者グループホームの利用料

（認知症対応型生活介護費用・1日）

要支援2	755円
要介護1	759円
要介護2	795円
要介護3	813円
要介護4	835円
要介護5	852円

※要支援1の人はサービスの対象にならない

●特定施設入居者生活介護の利用料

（一般型有料老人ホームなどに入居の場合の介護費用・1日）

要支援1	180円
要支援2	309円
要介護1	534円
要介護2	599円
要介護3	668円
要介護4	732円
要介護5	800円

第2章　介護認定の申請 ● 要介護度は高いほうがトクですか？

Q19

要介護状態区分

家族の都合で、要介護認定を変更してもらえますか?

Q 家で介護する私が働きに出たいので、サービスをもっと利用したいです。要介護度を上げてもらうことはできますか? (48歳女性)

A 要介護度の認定に家族の事情は考慮されません。それを理由に要介護・要支援認定変更申請をしても、認められないでしょう。

ケアマネジャーにダメ元で相談してみる

要介護認定の基準は、「どの程度介護が必要な状態か」ということなので、介護する家族がいるかどうかによって区分が変わることはありません。

ただし、昼間介護する家族が居なくなるので通所介護をもっと多く利用したい、夜は介護できないので夜間対応型の訪問介護といった要望はケアマネジャーに相談することは可能です。

あるいは、介護老人保健施設への入所を希望するが「要支援2」のままではできない、要介護認定(区分)変更申請はできないか、といった相談をケアマネジャーにしてもかまいません。

そうした相談は利用者から日常的にされるので、経験豊富なケアマネジャーなら適切なアドバイスをしてくれるでしょう。

変更申請はいつでもできる

要介護認定の区分の見直しは、更新のとき改めて認定を受けて行われますが、状態が変化したときは変更申請ができます。

たとえば、転倒・骨折したあと、急激に日常生活能力が低下したときや、逆にリハビリが進んで歩行ができるようになったときも申請が可能です。申請のしかたは新規申請のときとほぼ同じですが、今回はケアマネジャーに相談することもできますし、場合によっては申請を代行してもらうこともできます。

介護保険要介護認定・要支援認定区分変更申請書サンプル

第2章 介護認定の申請 ● 家族の都合で、要介護認定を変更してもらえますか？

様式第6号(第8条関係)

介護保険要介護認定・要支援認定区分変更申請書

(提出先)
○○市長

次のとおり申請します。

		申請年月日	平成○○年 ○月 ○日

被保険者番号	1 0 0 0 1 2 3 4 5 6	個人番号	1 2 3 4 5 6 7 8 9 0 1 2

フリガナ	カイゴ ハナコ		生 年 月 日	年 齢
氏 名	介護 花子	男⦅女⦆	昭和6年5月10日	満 88 歳

住 所 (住民票上)	〒000-0000 ○○市東町1丁目2番地3	電話番号 ( )

現在の要介護 状態区分	要介護状態区分 1 2 ③ 4 5 要支援状態区分 1 2
	有 効 期 間 平成○○年 ○○月 ○○日 から 平成○○年 ○○月 ○○日 まで

変更申請の理由	

医療機関又は 施設に □入院・入所中 □ 無	入院・入所施設名		病室：
	所 在 地	〒 電話番号 ( )	

主治医	主 治 医 氏 名	山田一郎	医療機関名	○○病院
	所 在 地	〒000-0000 ○○市東町3丁目2番地1	電話番号 ○○○(○○○)○○○○	
	定期受診の有無	⦅有⦆ 無	最終受診日 平成○○年 ○月 ○日	

※1ヶ月以内に受診がない場合は、後日受診をお願いすることもあります。

提出代行者 (家族等)	氏 名	木下 幸子	続柄	長女
	住 所	〒000-0000 ○○市東町1丁目2番地4	電話番号 ○○○(○○○)○○○○	

提出代行 事 業 者	該当に○(地域包括支援センター・居宅介護支援事業所・指定介護老人福祉施設・介護老人保健施設・ 指定介護療養型医療施設)	㊞
住 所	〒 電話番号 ( )	

第2号被保険者(40歳以上65歳未満の医療保険加入者)の方は、記入して下さい。

医療保険者名		医療保険被保険者証記号番号	
特 定 疾 病 名			

注 医療保険被保険者証を持参して下さい。

私は、介護サービス計画又は介護予防サービス計画を作成するために必要がある場合に、要介護認定・要支援認定にかかる調査内容並びに介護認定審査会による判定結果・意見及び主治医意見書を、川越市から地域包括支援センター、居宅介護支援事業者、居宅サービス事業者、介護保険施設の関係人、主治医意見書を記載した医師又は認定調査に従事した調査員に提示することに同意します。

この欄は市(介護保険課)が記入します								本人氏名 ＿＿＿＿＿＿＿＿＿
受付者	資格 者証	済 未	入 力	済 未	前回 HP	同 異		代筆 ( ) ＿＿＿＿＿＿＿＿＿

変更申請の理由例

◆状態が悪くなった例

- 認知症が進み、介護の負担が増えた
- 転倒・骨折により歩行が困難になった
- 老衰により生活全般の機能が低下した
- がんが進み日常生活に大きな支障が出てきた
- 糖尿病が悪化し日常生活全般に不自由がある
- 睡眠障害がひどくなり夜間せん妄が多くなった

◆状態がよくなった例

- 機能訓練が功を奏し歩行ができるようになった
- 食欲が戻り、日常生活全般に回復が見られる

51

Q20

「要支援」と認定されましたが、どういう意味?

「要支援」の内容

Q 父は「要支援2」と認定されました。「要介護」とどう違うのですか?（55歳男性）

A 「要介護」「要支援」と認定された人が利用できるサービスの内容はほぼ同じですが、要支援と認定された利用者には、介護予防を目的にしたサービスが行われます。

介護予防は2006年の改正で新設されたサービス

要支援1・2と認定されたら、「介護予防サービス」を利用します。介護予防サービスは2006年の介護保険法の改正で導入された制度で、高齢者が要介護状態に陥ることなく、あるいは要介護状態になっても、それ以上悪化させないために生活機能の維持向上や改善を目的としたサービスです。介護の支援は必要だが、要介護よりも軽い状態の人が該当します。

「要介護」では使えて、「要支援」使えないサービス

「要支援」は介護予防が主たる目的なので、サービスを利用するうえで、要介護と異なる点があります。

1つは、介護サービスにあって、介護予防サービスにはないサービスがあることです。介護や支援が必要であっても、深刻な状態ではないと考えられることから、要支援者は「施設サービス」や「夜間対応型訪問介護」など重度の要介護者を対象にしたサービスは使えません。

さらに、利用される頻度の高い「通所介護」と「訪問介護」は、介護保険制度の持続性を高める意味もあり、要介護1以上の人が利用し、要支援の人は地域で実施する介護予防・日常生活支援総合事業を利用します。

もう1つの違いはケアプランの依頼先です。要介護者は居宅介護支援事業者に依頼できますが、要支援者は地域包括支援センターに依頼します。

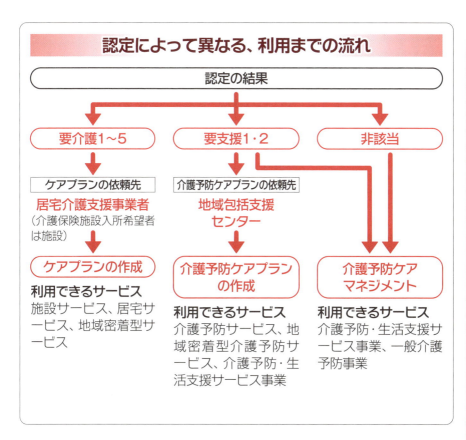

介護予防にないサービス

- **施設サービス**（介護老人保健施設・介護療養型医療施設・介護医療院は要介護1以上、介護老人福祉施設は原則要介護3以上）

- **訪問介護**（要支援者は介護予防・生活支援事業を利用）

- **通所介護**（要支援者は介護予防・生活支援事業を利用）

- **福祉用具貸与**（車いす・車いす付属品・介護用ベッド・介護用ベッド付属品・床ずれ防止用具・体位変換器・認知症高齢者徘徊感知器・移動用リフトは原則要介護2以上、自動排せつ処理装置は要介護4以上）

- **地域密着型サービス**（定期巡回・随時対応型訪問介護看護・夜間対応型訪問介護・看護小規模多機能型居宅介護は要介護1以上、認知症対応型共同生活介護は要支援2以上）

Q21

「非該当」と認定されたらサービスは利用できませんか?

Q 母が介護保険を利用したいと申請したら「非該当」と認定されました。何のサービスも利用できないのでしょうか?（48歳女性）

A 「非該当」の方でも、介護予防・生活支援サービスなどさまざまなサービスが利用できるので、役所や地域包括支援センターを一度訪ねましょう。

「非該当」と認定されてもあきらめない

「非該当」という通知が届いても、あきらめることはありません。高齢者の介護支援サービスは介護・介護予防サービスだけではないからです。「バスや電車で1人で外出していますか?」「転倒に対する不安はありますか?」といった基本チェックリストの判定基準に該当すると「介護予防・生活支援サービス事業」の対象者になり、要支援認定者と同様に「訪問型サービス」「通所型サービス」などが利用できます。

基本チェックリストで該当しない場合でも、体操教室や認知症予防教室など、一般高齢者向けのサービスを利用すれば介護予防に役立ちます。

まず役所の窓口・地域包括支援センターに相談を

介護予防・生活支援サービス事業を利用するには、役所の窓口や地域包括支援センターに相談に行くことです。

右の図のようなサービスは介護保険による事業ですが、市区町村ではほかにも高齢者保健福祉サービスがいろいろあります。とくにひとり暮らしの高齢者に対してはきめ細く、「寝具乾燥消毒サービス」「配食サービス」「認知症高齢者への生活支援サービス」「回復期生活支援サービス」などがあり、さらに「補聴器や杖の支給」など多様な事業が実施されています（149ページ参照）。

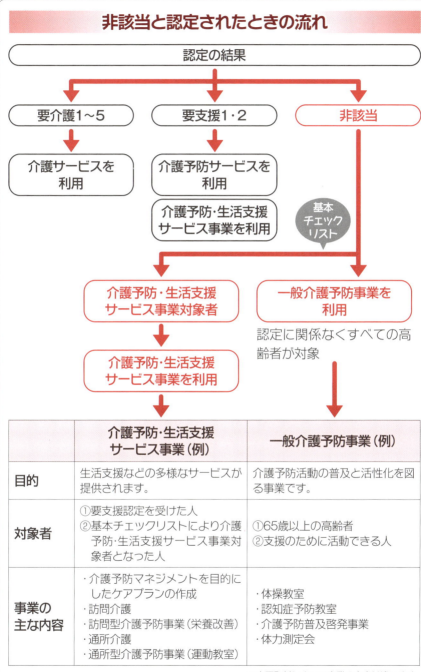

Q22

転居後の要介護認定

転居してもこれまでの要介護認定は有効ですか?

Q 故郷の母を呼び寄せて同居したいのですが、故郷の要介護認定はこちらでも有効ですか?（56歳男性）

A 元の市区町村が行った要介護認定を、引っ越し先でも引き継げるしくみがあります。それには、元の役所と引っ越し先の役所で手続きが必要です。

手続きによって元の要介護認定が引き継がれる

ひとり暮らしの親が子どもと同居するために転居するケースはよくあります。そうした親が介護保険の要介護・要支援認定を受けている場合、いままでの要介護認定は有効なのか、転入先で新たに認定を受けなければいけないのか悩む人も多いでしょう。転出元の役所の窓口で転出届を出す際、要介護認定を受けていることを伝えれば、「介護保険受給資格証明書」（申請書が必要な市区町村もある）を交付してくれます。その書類を窓口に提出し要介護・要支援の申請を行えば、改めて要介護認定を受けることなく要介護状態区分は引き継がれます。

ただし、地域の介護予防・生活支援サービスを利用する場合は、改めて手続きが必要なので、転入先の地域包括支援センターに相談しましょう。

また、故郷に住む親を数週間・数カ月呼び寄せて一時的に同居をしたいなど、住民票を異動したくない事情がある場合は、子が住む市区町村の窓口に相談しましょう。多くの場合、故郷の介護認定のままで一部のサービスを除き利用することができます。

転入先での手続きは14日以内に行う

要介護認定が引き継がれるといっても、転居後14日以内に手続きをしなければいけません。14日を過ぎると改めて介護認定審査会の判定を受けるなど、新規の認定と同じ手続き

が必要になります。訪問調査や介護認定審査会などの判定を待たなくてはならず、新たに申請するのと同じくらいの日数がかかってしまうので、必ず14日以内に申請しましょう。

要介護・要支援認定を受けている人の転居の手続き

下記の手続きの例は、別の市区町村に転居する場合です。市区町村内での転居であれば、要介護認定の再申請は必要ありません。

転出元で行う手続き

①**市民課などで転出の手続き**
・「介護保険被保険者証」を返納
・「介護保険受給資格証明書」交付申請
（必要のない市区町村もある）

市民課

おせ話になりました

↓

②「介護保険受給資格証明書」が交付される

14日以内

↓

転入先で行う手続き

市民課

よろしくお願いします

③**市民課などに転入の手続き**
④**介護保険課で要介護・要支援認定の申請**
・転出元で交付された「介護保険受給資格証明書」を提出

↓

転居前と同様の支援・介護サービスが利用できる

（改めて要介護認定を受ける必要はない）
・その場で資格証明書が交付されるか、即日「介護保険被保険者証」「認定通知書」が交付される

第2章 介護認定の申請 ● 転居してもこれまでの要介護認定は有効ですか？

マイナンバー（個人番号）が わからないとき

マイナンバー通知カードを 紛失したとき

マイナンバー制度が普及してから、役所への申請にはマイナンバー（個人番号）の記載が求められる書類が多くなりました。マイナンバー通知カードを紛失したりして、自分の個人番号がわからない、あるいはひとり暮らしの親に聞いても、通知カードなどが送られてきた記憶がないなど、マイナンバー制度といった新しい制度を理解していない高齢者は少なくないでしょう。

マイナンバーは、通知カードまたは個人番号カード（マイナンバーカード）で確認することができます。しかし、通知カードを紛失したなどの理由でマイナンバーがわからなくなってしまった場合、役所に聞いても教えてくれないので、再発行などの申請によって確認する方法があります。

マイナンバー入りの 住民票の写しを申請する

マイナンバーカードや通知カードを紛失した場合は、警察署で紛失物届の手続きを行ったうえで、再発行の手続きをするのが最善です。ただし、再交付に時間がかかるので、急いでマイナンバーが知りたい場合は、住民票の写しを申請し確認する方法があります。

住民票の写しには、通常マイナンバーは記載されませんが、マイナンバーを確認するための正当な理由があればマイナンバーを記載した住民票の写しが交付されます。申請に必要なものは下記の通りです。

●本人または同一世帯の人が 申請する場合に必要なもの

・住民票の発行手数料
・印鑑
・本人確認書類(運転免許証、パスポート、健康保険証、年金手帳など)

●代理人が申請する場合

・委任状（「マイナンバー入りの住民票の写しの請求」と明記されているもの）
・代理人の本人確認書類（運転免許証、パスポート、健康保険証、年金手帳など）

※通常、代理人には交付されずに返信用封筒で本人の住民登録地に送付されます。

第3章

介護保険の利用

Q23

認定通知

認定通知が来たら どうすればいいのですか?

Q 認定通知が届きましたが、このあと介護保険サービスを利用するには どこに、何を依頼すればいいのですか? (64歳男性)

A 「要介護1〜5」と認定されていたら居宅介護支援事業者に、「要支援1・2」と認定されていたら地域包括支援センターに介護・介護予防サービス計画書の作成を依頼します。

認定の通知が届いたら ケアプランの作成を依頼する

介護・介護予防サービスは「**介護・介護予防サービス計画書(ケアプラン)**」に基づいて行われるので、まず、この計画書を作成することから始めます。自分で作成することもできますが、事業者などに依頼するのが一般的です。「要支援1・2」の人は、地域包括支援センターに、「要介護1〜5」の人は居宅介護支援事業者に依頼します。介護保険施設の入所者は、その施設のケアマネジャーが作成します。ケアプランの作成費用は、いずれも全額保険給付の対象なので自己負担はありません。

「介護保険居宅サービス 計画依頼届出書」を提出する

ケアプランの作成の依頼先が決まったら、役所の窓口に「介護保険居宅サービス計画作成依頼届出書」(要支援1・2の場合は「介護予防サービス計画作成・介護予防ケアマネジメント依頼届出書」)を提出し、届けが認められたら、ケアプランの作成に入ります。

要介護者であれば、まず居宅介護支援事業者のケアマネジャーの訪問を受け、「どのようなサービスを利用したいか」といった事前の調査(アセスメント)を受けます。その調査によってケアプランの原案が作成され、その原案をベースに、「サービス担当者会議」が開催されます。そこでの内容を基にケアプランが作成されサービスがスタートします。

認定からサービス開始までの流れ

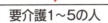
在宅で利用したい

要介護1～5の人
居宅介護支援事業者に介護サービス計画（ケアプラン）の作成を依頼する

要支援1・2の人
地域包括支援センターに介護予防サービス計画書（ケアプラン）の作成を依頼する

※自分で作成することもできる（セルフケアプラン）

「介護保険居宅サービス計画作成依頼（変更）届出書」を市区町村の窓口に提出

介護・介護予防サービス計画（ケアプラン）作成の実際

①**アセスメント**
ケアプラン作成者による事前評価（アセスメント）が行われる
②**ケアプランの原案の提示**
居宅介護支援事業者などより計画の原案が示される
③**サービス担当者会議**
ケアマネジャーの調整により、サービス担当者・本人・家族などによる話し合いが行われる
※医学的管理の情報が必要なら主治医・看護師も出席
④**ケアプランの作成**
サービスの種類や利用回数などを盛り込んだケアプランが作成される
※全額が保険給付となるので自己負担はない

居宅サービス事業者と契約
訪問介護や通所介護、福祉用具貸与などの業者と契約する

サービス開始

施設に入所したい

介護保険施設と契約

※介護保健施設とは、特別養護老人ホーム・介護老人保健施設・療養型医療施設・介護医療院

入所した施設のケアマネジャーが介護サービス計画を作成

サービスの開始

Q24

居宅介護支援事業者

信頼できる居宅介護支援事業者を見つける方法は?

Q サービスを調整してくれる居宅介護支援事業者やケアマネジャー選びは重要と聞きました。どう選んだらいいですか?（58歳女性）

A 事業所の一覧を参考に、近いところから複数の居宅介護支援事業者をあたり、いちばん利用者に合っていると思える事業者に依頼するのが安心でしょう。

市区町村内の事業者を知るには

　居宅介護支援事業者だけでなく、全国の介護事業者を探せるサイトがあります。厚生労働省の運営する「介護事業所・生活関連情報検索」というサイトです。

　こちらにアクセスすれば、登録している全国の事業者名がわかるほか、「所在地・連絡先」「事業者の概要」「サービスの内容」などがわかります。さらに、相談・苦情への対応や利用者の権利擁護などの運営状況が、都道府県の平均と比較されたレーダーチャートで示されているので、事業者を探すめやすの1つとして活用できます。市区町村のホームページを検索しても、「介護事業所・生活関連情報検索」にアクセスできます。

近くの事業者を訪ねて会って評価する方法もある

　ネット環境にない場合は、役所の窓口や地域包括支援センターなどを訪ねれば、市区町村内の事業者の一覧を提示してもらえます。役所が特定の事業者を推薦することはないので、自分で「よい事業者」をみつけましょう。

　自宅から離れた場所にあると意思の疎通が図れないこともあるので、近い事業者からあたるのが一般的な方法です。

　電話で「どのような事業者なのか?」概要を尋ね、「よい事業者」かもしれないと感触があったら、訪問して確認しましょう。電話や訪問を受けた「感じ」というのがあるので、ネットだけで探すよりよい事業

者を見つける確率は高いでしょう。時間的にゆとりがあれば数カ所訪問して決めれば、納得できる可能性が高くなります。

また、認定通知が届く前に依頼すると居宅介護支援事業者のめぼしをつめておけば、すぐにケアプラン作成を依頼でき、早くサービスを利用できるというメリットがあります。

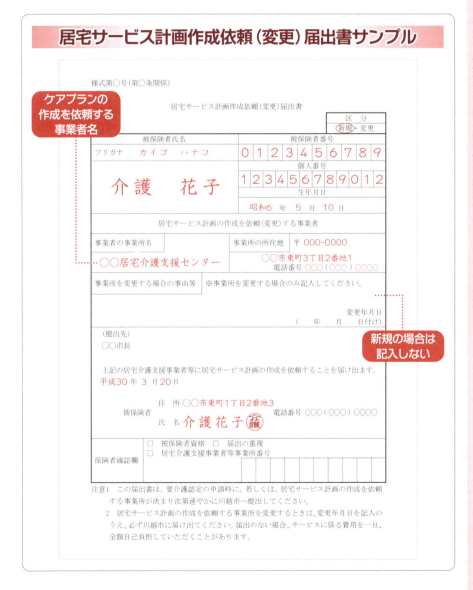

Q25

アセスメントの受け方

ケアプランの原案を作るための調査の受け方は？

Q ケアプランを依頼したら、ケアマネジャーが事前評価をしたいというのですが、どんな話をすればいいのですか？（56歳女性）

A アセスメント（事前評価）はケアプランの原案を作るためにケアマネジャーが行います。利用者本人と家族が使いたいサービスなど希望を具体的に伝えましょう。

ケアマネジャーによる原案づくりのための事前評価

ケアプランの作成を居宅介護支援事業者や地域包括支援センターに依頼すると、居宅介護支援事業者の場合はケアマネジャー、地域包括支援センターの場合は保健師などが訪ねて来て、ケアプランの原案を作成するために、「**アセスメント（事前評価）**」を行います。平たく言えば、利用者本人がどんな状態で、どんなことに困っているか、あるいは家族はどんなサービスを希望しているか、といった聞き取り調査です。

介護認定のための訪問調査と似ていますが、全く違うものです。認定調査はどのくらい介護が必要かという要介護状態を把握するためのものですが、アセスメントは、自立した生活を行うためにどんなサービスが必要かを本人や家族といっしょに考える作業です。

困っていること、希望することを率直に伝える

本人や家族の希望にかなったケアプランを作成するためには、自分たちの健康状態・経済状態・介護の担い手の状況・希望するサービスなどを率直に伝え、現在、困っていること、希望する生活などを具体的に伝えましょう。アセスメントは通常1時間程度で、ケアマネジャーの質問に本人や家族が答える形で進みますが、疑問があったら、積極的に尋ねましょう。よいケアプランをケアマネジャーといっしょに作るつもりで、質疑を行いましょう。

ケアマネジャーに伝えること

①家族の関係図(イメージ)

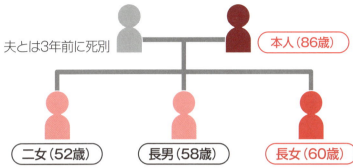

夫とは3年前に死別

本人(86歳)

二女(52歳) 遠方の県に住む。主婦

長男(58歳) 隣の県に住む(車で1時間程度)。会社員

長女(60歳) 徒歩100mの場所に住む。パート勤務

②主たる介護者の連絡先

渡辺直子(長女)
090-0000-1111

③本人の病歴と現在の状態の説明
- 「糖尿病ですが、定期通院と本人管理による服薬で安定しています」
- 「難聴が進んでいて、耳元で大きな声を出さないと聞こえません」
- 「変形性ひざ関節症の傾向があり、床での立ち座りができません」
- 「もの忘れが多くMCIの傾向があると医師から言われています。まだ徘徊などの顕著なBPSDは見られません」

④本人の希望(困っていること)
- 「家にばかりいないで、たまには外に出て人と話したい」
- 「ふとんから立ち上がれないのでベッドにしたい」
- 「家のお風呂は滑り危ないのでなんとかして欲しい」

⑤家族の希望(困っていること)
- 「これ以上認知症が進まないような支援を受けたい」
- 「来月、夫の親が入院するので世話に行かなくてはいけない。1週間程度、家を空けるので、その間の介護をお願いしたい」

Q26

サービス担当者会議とは どんな会議ですか?

Q サービス担当者会議という会議が開かれるので、家族も出席してくれと言われたのですが、どんな会議なのですか?（48歳女性）

A ケアマネジャーが調整しサービスに関わる事業者や主治医、本人、家族が出席しケアプランを作成するために介護の方針や目標を検討する会議です。

サービス担当者会議の目的と内容

介護保険制度では、介護保険サービスを行うにあたり、ケアマネジャーが主体となって、サービスを提供する事業者、利用者・家族、かかりつけ医・看護師などを集めて、サービスを検討する会議を開催しなければならないと定められています。その会議が「**サービス担当者会議**」です。目的はケアマネジャーが作成したケアプランの原案をもとに、関係者全員が専門的な立場で意見を出し合いながら、利用者に合ったケアプランを作っていこうというものです。

開催場所と開催の時期

開催場所は、住まいの環境を確認できることから本人の自宅が最良とされていますが、病院や事業所で行われることもあります。

開催時期については、利用者本人と家族・サービス事業者などの予定を調整しながら、ケアマネジャーが開催を決定します。

サービス担当者会議の開催が必要とされるのは、原則としてケアプラン作成・変更時、要介護認定更新時、要介護認定区分変更時、継続して福祉用具を利用する場合などです。ほかにも、長期の入院後や家庭環境に大きな変化が生じたときなどに開催されます。

開催は「会議形式」で行われ、ケアマネジャーが司会進行役を務めます。

サービス担当者会議のイメージ

介護支援専門員（ケアマネジャー）
・アセスメントの結果報告
・ケアプランの原案の提示
・会議の司会・進行管理

◆開催の目的
・サービスに関わる担当者が利用者や家族の生活全体を共通理解すること
・支援目標といわれる「利用者本人や家族の介護に対する意向」や援助者側の「総合的な援助の方針」について共通理解すること
・利用者の生活課題（ニーズ）をお互いが共有化すること
・居宅サービス計画の内容を相互に深めること
・作成された居宅サービス計画でのサービス提供者の相互の役割分担を理解すること

利用者・家族
希望する生活のあり方や、利用したいサービスを説明

主治医・看護師
医学的管理に関する情報の提供

住宅改修・福祉用具事業者など
・利用者の状態に合わせた環境の改善や福祉用具の利用を提案
※生活環境対応などの必要性に応じて出席
※理学療法士などの専門職の出席が求められることもある

居宅サービス担当者
・実施上の問題点や解決方法の提案
・介護の方針の確認

第3章　介護保険の利用　●　サービス担当者会議とはどんな会議ですか？

ケアプランの変更

Q27

ケアプランを変更することはできますか?

Q ケアマネジャーによってケアプランが作成されましたが、どうも納得できません。見直しはお願いできますか? (82歳女性)。

A ケアマネジャーは毎月ケアプランがスムーズに利用されているか、状態の変化によって新たなサービスが必要ではないか、といったモニタリングを行いケアプランの見直しを行います。

ケアマネジャーによって毎月行われるモニタリング

介護保険制度の特長の1つは、利用者の要介護状態や要望に合ったサービスが継続的に提供されることにあります。そのため、定期的に要介護認定が行われ、提供される介護サービスの量の検討が行われます。また、利用者からの申し出などがあれば随時、要介護認定が行われます。

また、ケアマネジャーが毎月利用者を訪問し、要介護状態に合った適切なサービスが行われているか、健康状態や環境の変化などによって新たなサービスの必要はないか、といった調査に訪れ、それを基にケアプランを更新してくれるのも介護保険のすぐれた点です。

ケアプランは見直しながら使いやすくしていくもの

新規申請をした際、専門職の担当者が参加するサービス担当者会議などを経ているので、提案されたケアプランはベストのものと思いがちですが、この時点では、まだわからないことがたくさんあります。とりあえず、手探りでスタートするのが一般的な例です。利用者に合ったケアプランは、サービスが提供されてみないと、わからないものです。

週2回でよいと思っていた訪問介護は実際には3回でないと不便だったり、紹介されて契約した通所介護施設に気の合う人がいなくて、ほかの事業所に変わりたいなど、不便や不満が出てくるのはふつうです。

そうした不満や要望を解消するた

めに、ケアマネジャーは毎月1回以上訪れ、利用者や家族に話を聞きます。そうした作業を専門用語で「**モニタリング（課題分析）**」といいます。つまり、ケアプランは必要なら毎月見直されてもよいものなのです。ただし、現実的には利用者や家族に新たなニーズがなければ、先月と同じケアプランでサービスが提供されることが多いようです。

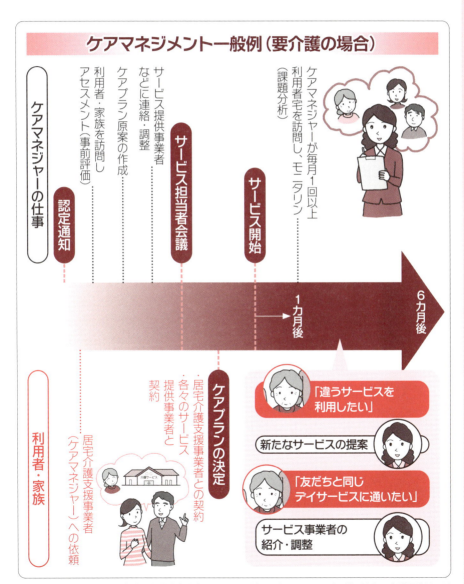

※要支援1・2と認定された場合は地域包括支援センターに利用を申し込み、ほぼ同様の流れで介護予防サービス計画書（ケアプラン）が作成される

Q28

ケアマネジャーと相性がよくないのですが?

ケアマネジャーの変更

Q 利用者の母もわたしたちも、家に来るケアマネジャーに不満を感じています。代えてもらうことはできますか?（55歳女性）

A ケアマネジャー本人、あるいは居宅介護支援事業者に不満な点を伝え、それでも改善されないようならケアマネジャーの交代を申し入れるか、契約を打ち切り、事業者を替える方法もあります。

ケアマネジャーによって介護の質が違ってくる

居宅介護サービスを利用する場合、ケアマネジャーが月に1回以上、現状を把握するためにモニタリングに訪れる決まりになっています。介護予防サービスでは3カ月に1度以上の訪問が義務づけられています。つまりケアマネジャーは、利用者の状態やニーズの把握を行い適切なサービスが受けられるようにコーディネートする、司令塔のような役割を果たしています。そうした大事な役割を担っているので、担当者選びは慎重に行いたいものです。

ケアマネジャーへの不満はそのままにしない

ケアマネジャーへの不満でよく耳にするのは、話を親身になって聞かず、すぐに帰ってしまうというもの。たしかに、効率よく利用者を回るのを優先し、話を聞き流すケアマネジャーもいます。しかし、変化の大きい利用者や重度の利用者に時間をかけたいため、変化の少ない利用者に対して、やむをえず状態の確認程度ですませがちなのは一般的な傾向でもあります。

こうした点に不満を感じたら、「相談したいこともあるので、もう少し時間をかけてほしい」とケアマネジャーに率直に伝えたらどうでしょう。単なるクレームとして扱うようなら、担当を代えてもらったり、事業者との契約を打ち切り、べつの居宅介護支援事業者と契約する方法もあります。

信頼できるケアマネジャーの条件

①話をよく聞いてくれる
本人や家族の希望を、時間をかけて聞いてくれる

②本人・家族を中心に考えてくれる
事業者ではなく本人に・家族の側に立って考えてくれる

③いろいろな提案をしてくれる
1つだけではなく利用者の希望に添った複数の提案をしてくれる

④すぐに対応してくれる
こちらがお願いしたことをすぐに動いて実現してくれる

⑤情報量が豊富
多くの事業者にツテがあるなど豊富な情報量を有している

⑥サービスの現場に来てくれる
通所施設などの現場に来て様子をチェックしてくれる

第3章 介護保険の利用 ● ケアマネジャーと相性がよくないのですが？

Q29

サービスはいくらまで利用できるのですか?

サービス利用の範囲

Q ひとり暮らしの父は介護保険のサービスがあれこれ必要です。いくらまで1割負担で利用できるのでしょうか? （58歳男性）

A 介護保険では、要介護状態によって原則1割で利用できるサービスの量が違います。要介護状態が重いほど、多くのサービスが利用できるしくみです。

介護保険サービスを
1～3割で利用できる

　要介護1～5、要支援1・2の認定を受けると、ケアプランに基づいて、原則1割(一定以上の所得者は2・3割)の自己負担で介護保険サービスが利用できます。ただし、1～3割で利用できる金額には限度額があり、認定された要介護状態区分によって違います。

　サービスの費用は「基本部分」に、初回利用・認知症対応といった「加算」が加わった合計額になります。加算も基本部分と同じ扱いになるので、1～3割の負担で済みますが、合計額のうち支給限度額を超えた部分は全額自己負担になります。ただし、「居宅療養管理指導」のように、いくら利用しても限度額の対象になら

ないサービスもありますし、「特別地域加算」や「介護職員処遇改善加算」のように限度額の対象にならない加算もあります。

ケアマネジャーが支給
限度額を超えないように調整

　支給限度額は、要支援1で5万円、1ランク上がることに5万円増えていき、要介護5では35万円。それぞれ1～2万円の差はありますが、1ランク5万円アップするとおぼえておくと、おおよそのめやすになります。ただ、支給限度額はケアマネジャーが把握しているので、それ以内でサービスを組むのが通常です。仮に支給限度額を超えるサービスを希望したら、「これ以上は全額自己負担になる」と助言してくれるはずです。

要支援・要介護の支給限度額

区分	支給限度基準額（自己負担額）
要支援1	5,003単位（5,003円）
要支援2	10,473単位（10,473円）
要介護1	16,692単位（16,692円）
要介護2	19,616単位（19,616円）
要介護3	26,931単位（26,931円）
要介護4	30,806単位（30,806円）
要介護5	36,065単位（36,065円）

※（　）の額は介護報酬の1単位を10円として計算したときの自己負担額（1割負担の場合）
※福祉用具の購入費と住宅改修費は、要介護度に関係なく限度額がある
※居宅介護支援(ケアプラン作成など)は全額介護保険による給付

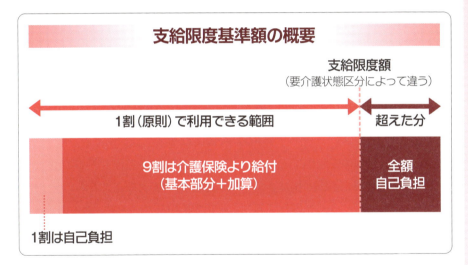

支給限度基準額の概要

支給限度額の対象とならないサービス	①居宅療養管理指導、②特定施設入居者生活介護（外部サービス利用型を除く）（短期利用を除く）、③認知症対応型共同生活介護（短期利用を除く）、④地域密着型特定施設入居者生活介護（短期利用を除く）、⑤地域密着型介護老人福祉施設入所者生活介護
支給限度額の対象とならない主な加算	介護職員処遇改善加算、ターミナルケア加算、特別地域加算、中山間地域等提供加算、緊急時訪問看護加算　など

Q30

1割・2割・3割の利用者

高所得者でも、1割で利用できるのですか?

Q 父は年金収入が多いのですが、出費も多く豊かではありません。2割負担といわれたのですが、ほんとうですか? (56歳女性)

A 年金収入が単身で280万円以上の要介護者は、介護保険サービスの自己負担は2割になります。さらに所得の多い高齢者は2018年8月から3割負担です。

一定以上の所得者は2割・3割負担

介護保険制度は要介護状態区分に応じて、支給限度内であれば介護・予防サービスが原則1割で利用できます。

しかし、介護保険を利用する人が増え、制度の維持に不安が出てきたために、要介護度によるサービスの利用制限、負担額の見直しなどの制度改正が行われました。2015年施行によって一定以上の所得者は2割負担に改正され、2018年の改正では、2割のなかでもさらに所得の高い利用者は3割を負担する制度に見直されました（2018年8月から）。それでも、3割負担の対象者は受給者全体の約2.5%、2割の人で9%、両方を足した一定以上の所得者は11.5%で9割近くの人は1割負担です。

「介護保険負担割合証」が交付されている

介護保険費用負担が1割なのか3割なのかわからないと、ケアマネジャーはケアプランが作成できず、サービス事業者も国民健康保険団体連合会に請求できません。そこで、新規申請した場合は、多くの市区町村では認定結果といっしょに「介護保険負担割合証」が送られてきます。有効期間は毎年8月1日～7月31日の1年間です。この負担割合証は1割～3割の負担割合のどれに該当するか証明するもので、介護保険サービスを利用する際に、ケアマネジャーおよびサービス事業者に被保険者証とともに必ず提示します。

介護保険負担割合証のサンプル

介護保険負担割合証		
交付年月日	年 月 日	
番号	0123456789	
住所	○○市東町1丁目2番地3	
フリガナ	カイゴ ハナコ	
氏名	介護 花子	
生年月日	明治 大正 昭和 6年5月10日	性別 女
利用者負担の割合	適用期間	
1 割	開始年月日 平成 30 年 8 月 1 日 終了年月日 平成 31 年 7 月 31 日	
割	開始年月日 平成 年 月 日 終了年月日 平成 年 月 日	
割	開始年月日 平成 年 月 日 終了年月日 平成 年 月 日	
保険者番号並びに保険者の名称及び印		

利用者負担割合

	負担割合
年金収入等　単身世帯340万円以上　夫婦世帯463万円以上 ・年金収入だけの場合は344万円	3割
年金収入等　280万円以上 ・本人の合計所得が160万円以上 ・同一世帯の65歳以上の人の年金収入＋その他の合計所得金額の額が単身で280万円以上、2人以上世帯で346万円以上	2割
年金収入等　280万円未満	1割

※合計所得金額とは、収入から公的年金控除・給与所得控除・必要経費を控除したあとで、基礎控除（38万円）・人的控除などの控除をする前の所得金額のこと
※2号被保険者はすべて1割負担

対象者の割合

Q31

要介護度による利用制限

要介護度によって使えないサービスがありますか?

Q 父は要支援2と認定されましたが、老健への入所はできないと言われました。有料老人ホームには入居できますか?（48歳男性）

A 有料老人ホームの利用は「（介護予防）特定施設入居者生活介護」という介護保険のサービスを利用します。要支援1以上の人が利用できるので、希望の有料老人ホームがあれば相談するといいでしょう。

要介護度によっては利用できないサービスもある

　要支援1・2と認定された人は「介護予防サービス」を利用でき、要介護1～5と認定されたら「介護サービス」が利用できます。ただし、要介護度によっては介護保険を利用することができないサービスがあります。利用頻度の高いサービスでは、「通所介護（デイサービス）「訪問介護（ホームヘルプサービス）」は要介護1以上の人が利用でき、要支援1・2の人は地域支援事業のなかの「介護予防・日常生活支援総合事業」でそれぞれ、通所型サービス・訪問型サービスを利用します。

　また、入所して医療や日常生活の支援を受ける「施設サービス」には介護予防サービスはなく、要支援の人は利用できません。

地域密着型は要介護度の制限のあるサービスが多い

　住み慣れた地域の自治体が主体となって指定・指導を行う「地域密着型サービス」は、重度の要介護者にきめの細かいサービスを行う目的で実施されているものが多く、そのため要支援の人が利用できないサービスが少なくありません。とくに利用者の多い「認知症対応型共同生活介護（認知症高齢者グループホーム）」は要支援2以上の人が対象者になります。

　また、居宅サービスの「福祉用具貸与」で、車いすや介護用ベッドのレンタルは要介護2以上の人に限られています。

76

要介護度によって利用できるサービス

		要支援1	要支援2	要介護1	要介護2	要介護3	要介護4	要介護5
居宅介護支援		○	○	○	○	○	○	○
介護・介護予防サービス	居宅サービス	訪問介護	× 地域支援事業を利用	× 地域支援事業を利用	○	○	○	○	○
		訪問看護	○	○	○	○	○	○	○
		訪問入浴介護	○	○	○	○	○	○	○
		訪問リハビリテーション	○	○	○	○	○	○	○
		居宅療養管理指導	○	○	○	○	○	○	○
		通所介護	× 地域支援事業を利用	× 地域支援事業を利用	○	○	○	○	○
		通所リハビリテーション	○	○	○	○	○	○	○
		短期入所生活介護・短期入所療養介護	○	○	○	○	○	○	○
		特定施設入居者生活介護	○	○	○	○	○	○	○
		福祉用具貸与	○	※一部に制限あり。下記欄外を参照					○
		福祉用具購入費	○	○	○	○	○	○	○
		住宅改修	○	○	○	○	○	○	○
	施設サービス	介護老人福祉施設	×	×	×	○	○	○	○
		介護老人保健施設	×	×	○	○	○	○	○
		介護療養型医療施設	×	×	○	○	○	○	○
		介護医療院	×	×	○	○	○	○	○
地域密着型サービス		地域密着型通所介護	×	×	○	○	○	○	○
		地域密着型特定施設入居者生活介護	×	×	○	○	○	○	○
		定期巡回・随時対応型訪問介護看護	×	×	○	○	○	○	○
		夜間対応型訪問介護	×	×	○	○	○	○	○
		認知症対応型通所介護	○	○	○	○	○	○	○
		小規模多機能型居宅介護	○	○	○	○	○	○	○
		認知症対応型共同生活介護	×	○	○	○	○	○	○
		看護小規模多機能型居宅介護（複合型サービス）	×	×	○	○	○	○	○
		地域密着型介護老人福祉施設入所者生活介護	×	×	×	×	○	○	○

◆**要介護度によって利用できる福祉用具貸与サービス**

要支援1～ 手すり・スロープ・歩行器・歩行補助つえ

要介護2～ 車いす・車いす付属品・介護用ベッド・介護用ベッド付属品・床ずれ防止用具・体位変換器・認知症高齢者徘徊感知器・移動用リフト（吊り具の部分は除く）

要介護4～ 自動排泄処理装置

第3章 介護保険の利用 ● 要介護度によって使えないサービスがありますか？

Q32

介護費用が10,000円程度しか使えません

1万円で使えるめやす

Q 本人にも子どもにも余裕がなく、介護費用は月1万円しか使えません。どの程度のサービスが利用できますか？（50歳女性）

A 経済的な理由から使えるサービスを制限している利用者や家族は珍しくなく、むしろ多数派といってもいいでしょう。1万円以内でどの程度のサービスが使えるか検証しましょう。

介護にいくら使えるかがケアプランの第一条件

　支給限度額までサービスが利用できるからといって、無料で使えるわけではありません。たとえ1割負担でも、支給限度額ぎりぎりまで利用すれば要介護3の人で、約2万7千円の自己負担がかかります。本人も家族もそこまで出費できないという利用者は多いでしょう。

　ケアプランを作成するとき、本人と家族の要望を伝えるのが大切ですが、その前に毎月いくら介護費用に充てられるかを検討することが第一です。経験豊富なケアマネジャーなら、ストレートに尋ねてくることもあるでしょうし、こちらで申し出なくても、家の調度品などを見て、予算のめぼしをつけて、その予算内のケアプランを作成してくることもあるようです。

限られた費用で上手にサービスを使うケアプラン

　介護に使える費用が明らかになったら、ケアマネジャーに率直に伝えましょう。見栄を張って、ケアマネジャーの提案を鵜呑みにしていたら、あとで支払いがきつくなったり、結局ムダの多いプランになることもあります。

　「1万円までしか使えないが、通所介護はぜひ利用したい」とか「1万円で訪問介護を中心にプランを立ててほしい」といった依頼をすればケアマネジャーもプランが立てやすくなります。

月額10000円程度で利用できるめやす（例）

●要介護1の場合

①**通所介護**　1日645円（通常規模7時間以上8時間未満）
　　　　　　　週2回×4週＝5,160円
②**訪問介護**　1回394円（身体介護の30分以上1時間未満）
　　　　　　　週3回×4週＝4,728円

合計　9,888円

	月	火	水	木	金	土	日
早朝	通所 介護	訪問介護		訪問介護	通所 介護	訪問介護	家族 による 介護
午前							
午後							
夜間							
深夜							

●要介護4の場合

①**訪問介護**　1回394円（身体介護30分以上1時間未満）
　　　　　　　週4回×4週＝6,304円
②**訪問看護**　月2回1,632円
　　　　　　　（30分以上1時間未満、訪問看護ステーションより派遣）
③**福祉用具貸与**　1,600円（介護用ベッド、車いす）

合計　9,536円

	月	火	水	木	金	土	日
早朝	訪問 看護 （月2回）	訪問介護	訪問介護	訪問介護	訪問介護	家族 による 介護	家族 による 介護
午前							
午後							
夜間							
深夜							
介護用ベッド・車いすレンタル							

※加算は含まず。1単位あたり10円で計算

Q33 サービスを利用したらどこから請求がくるのですか?

サービス費用の請求

利用したサービスの費用はどのように請求されるのですか? ケアマネジャーへは支払う必要がないと聞きましたが? (78歳男性)

利用したサービスの1〜3割の自己負担分はサービス提供事業者から請求書が届きます。ケアマネジャーの費用は全額介護保険でまかなわれるので自己負担はありません。

事業者はどのように選ぶか

ホームヘルプサービスやデイサービスなどの事業者は、担当のケアマネジャーが紹介してくれるのが一般的です。ただ、近所で知り合いの事業者があったり、評判のよい事業者があったら、ケアマネジャーに伝えてケアプランに組み込んでもらうこともできます。

ケアマネジャーが紹介してくれたといっても、いきなり契約するのではなく、デイサービスであれば、ケアマネジャーにお願いして見学したり、試しに体験したりして決めることもできます。そのうえで、利用者や家族が納得できれば事業者と契約し、サービスがスタートします。

サービス利用料はどのように支払うか

ケアマネジャーは、サービスが行われる前月に「サービス利用票」を利用者に提示し、ケアプランに基づいて提供されるサービスの確認をします。確認が行われたら、その利用票と同様の記述の「サービス提供票」がサービス事業者に交付され、翌月のサービスが行われます。

介護保険制度では、事業者はサービス提供票を超えるサービスを行うことはできません。その日になって訪問介護や通所介護の時間を延長したいという申し出はできないので注意しましょう。変更したい場合はケアマネジャーに連絡し、サービス利用票・提供票を直してもらいましょう。

サービスにかかわる請求は2つの流れで行われます。1つは介護保険の給付分（9〜7割）です。こちらは、サービス事業者から、居宅介護支援事業者（ケアマネジャー）にサービスの実績を報告し間違いないと確認できたら、国民健康保険団体連合会に請求します。そして、利用者の自己負担分（1〜3割）については、利用者宛てに請求書が届きます。サービスの内容が細かく記載されているので確認しましょう。支払いは、金融機関の口座引き落としで行われることが多いようです。なお、ケアマネジャーへの支払いは全額、介護保険でまかなわれるので自己負担はありません。

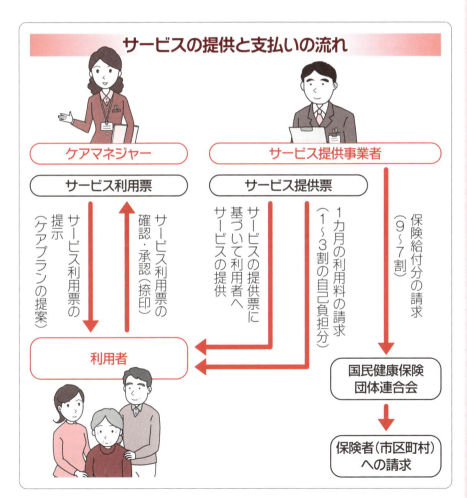

サービスの提供と支払いの流れ

2018年度改正介護保険の
ポイント

2018年4月からスタートした改正介護保険

　平成29年5月に「地域包括ケアシステムの強化のための介護保険法等の一部を改正する法律(地域包括ケアシステム強化法)」が成立し、2018年4月より改正介護保険制度がスタートしました。

　今回の改正は、2つの面から制度の充実が図られています。1つは2015年度の介護保険の改正で確立した「地域包括ケアシステム」をより進化させるために、「地域包括ケアシステムの深化・推進」が大きな目標となっている点です。地域包括ケアとは、高齢になった人も障害の人も地域で暮らし続けられるよう、医療・看護、介護・リハビリテーション、保健・予防が一体となって生活支援・福祉サービスを行うものです。そのしくみを充実させるために、高齢者の自立支援と要介護状態の重度化防止などを主眼にした取り組みが制度化されました。

　もう1つのポイントは、高齢社会のなかで、介護に要する費用が介護保険スタート時より大きく増加して

いることを踏まえ、制度の安定性・持続可能性を高めるために、さまざまな取り組みが行われました。平たく言えば、出すものは抑え、入るものは増やすしくみの改正が行われています。

介護医療院の創設や共生型サービスのスタート

　主な制度の改正としては、慢性期の医療・介護ニーズへ対応するために、新たな施設サービスである「介護医療院」が創設されました。また、高齢者と障害児・者が同一の事業所でサービスを受けやすくするために、介護保険と障害福祉両方の制度に新たに「共生型サービス」がスタートしました。いっぽうで、2015年度の改正では一定以上の所得者の利用者負担の見直しがされましたが、さらに、制度の安定性・持続可能性を高めるために、2割負担の利用者のなかでも高額所得者は、2018年8月より負担割合が3割に引き上げられました。

第4章

介護保険のサービス

Q34

介護保険サービスにはどんなものがありますか？

サービスの種類

Q 母の足腰が衰えて日常生活に支障があるため要介護認定の申請をしたのですが、どのようなサービスが受けられますか？（56歳男性）

A 要介護認定の結果によって、受けられるサービスが異なります。また、非該当と認定された場合、介護保険サービスは利用できませんが、サービス事業者が提供する地域支援事業のサービスを利用できます。

自宅で介護する場合に受けられるサービス

介護保険サービスは、大別すると、自宅で介護をする場合と、施設に入所する場合に分けられます。自宅で介護をする場合に受けられるサービスは、主に、以下の5つです。

なお、ケアプランを作成する介護予防支援・居宅介護支援もサービスの1つで全額介護保険によってまかなわれます。

①訪問サービス

ホームヘルパーに来てもらって本人の世話をしてもらったり、看護師などに来てもらって主治医の指示に基づいた支援などをしてもらいます。

②通所サービス

施設に通い、食事や入浴などのサービスや、リハビリなどを受けます。

③宿泊サービス

家族が面倒をみられないときなどに、一時的に施設に入居して介護サービスを受けます。

④訪問・通所・宿泊を組み合わせたサービス

自立した日常生活を送ることができるように、訪問・通所・宿泊を適宜、組み合わせたサービスです。

⑤介護環境改善のためのサービス

福祉用具のレンタルサービスのほか、貸与できないものの購入費用や、住宅の改修工事費用を補助します。

介護施設に入所することで受けられるサービス

施設に入所する場合は、介護やリハビリ、病院での療養など、本人に必要な施設サービスを受けることができます。

要介護と要支援では受けられるサービスが異なる

		要介護	要支援 (介護予防)	備考
訪問系サービス	訪問介護（ホームヘルプ）	○	○	要支援は介護予防・日常生活支援総合事業を利用
訪問系サービス	訪問入浴介護	○	○	
訪問系サービス	訪問看護	○	○	
訪問系サービス	訪問リハビリテーション	○	○	
訪問系サービス	居宅療養管理指導	○	○	
訪問系サービス	夜間対応型訪問介護	○		
訪問系サービス	定期巡回・随時対応型訪問介護看護	○		
通所系サービス	通所介護（デイサービス）	○		要支援は介護予防・日常生活支援総合事業を利用
通所系サービス	通所リハビリテーション	○	○	
通所系サービス	認知症対応型通所介護	○	○	
宿泊系サービス	短期入所生活介護（ショートステイ）	○	○	
宿泊系サービス	短期入所療養介護（ショートステイ）	○	○	
上記の組み合わせ	小規模多機能型居宅介護	○	○	
上記の組み合わせ	看護小規模多機能型居宅介護	○		
入所・入居系	介護老人福祉施設（特養）	○		原則要介護3以上
入所・入居系	介護老人保健施設（老健）	○		
入所・入居系	介護療養型医療施設	○		
入所・入居系	特定施設入居者生活介護	○	○	
入所・入居系	介護医療院	○		
入所・入居系	認知症対応型共同生活介護	○	△	要支援は2のみ
介護環境の改善	福祉用具貸与	○	○	要介護度による制限がある
介護環境の改善	特定福祉用具購入	○	○	
介護環境の改善	住宅改修	○	○	

第4章 介護保険のサービス● 介護保険サービスにはどんなものがありますか？

Q35

サービスの種類

どんなサービスが
よく利用されますか？

Q 父が要介護2に認定されました。訪問を受ければ自宅で介護できそうなのですが、利用できるサービスはありますか？（49歳女性）

A 介護保険サービスの中でも一般的によく利用されるのは、訪問型、通所型、宿泊型の居宅サービス（在宅サービス）です。とくに訪問サービスは、利用者が多く、要介護度が上がるほど増加する傾向にあります。

自宅に居ながら受けられる
さまざまなサービス

訪問サービスは、自宅で介護されている利用者の状態が悪化しないように、また介護状態になるのを予防するために、ホームヘルパーや看護師などが利用者の自宅を訪問し、生活や医療面のサポートをするサービスです。

サービスの内容は、以下の7つに分けられます。

①訪問介護（ホームヘルプ）
②訪問入浴介護
③訪問看護
④訪問リハビリテーション
⑤居宅療養管理指導
⑥夜間対応型訪問介護
⑦定期巡回・随時対応型訪問介護
　看護

訪問介護、夜間対応型訪問介護、定期巡回・随時対応型訪問介護看護は要介護者(要介護1以上)が利用できるサービスです。ただし、訪問介護に限って、要支援者は市区町村が行っている「介護予防・日常生活支援総合事業」の「訪問型サービス」を利用できます。

利用者にとっても
家族にとってもメリットは多い

訪問サービスのメリットは、慣れ親しんだ環境でサービスを受けられることです。また、家族の目が届くところでサービスを受けられ、ヘルパーなどに日常生活でのアドバイスを受けることもできます。ただ、他人が自宅に入るのを嫌がる利用者もいるので、利用する前に家族がよく説明して上手に活用しましょう。

訪問型のさまざまなサービス

訪問介護（ホームヘルプ）
ホームヘルパー（訪問介護員）が利用者の自宅を訪ね、身体介護や生活援助、通院など外出時の介助（通院等乗降介助）を行います。

訪問入浴介護
利用者の自宅に浴槽を持ち込み、通常、看護職員と介護職員が計3名で、入浴の介助を行います。

訪問看護
看護師などの資格をもったスタッフが、利用者の自宅を訪問し、医師の指示に従って、健康状態の確認や、医療・看護・介護に関するアドバイスなどを行います。

訪問リハビリテーション
理学療法士、作業療法士、言語聴覚士といった専門スタッフが、利用者の自宅を訪問し、医師の指示に従ってリハビリを指導します。

居宅療養管理指導
医師、歯科医師、薬剤師、管理栄養士などの専門スタッフが、利用者の自宅を訪問し、療養するうえで必要な指導や助言を行います。

夜間対応型訪問介護
深夜や早朝でも、ホームヘルパーが利用者の自宅を訪問し、介護を行います（要介護1以上）。

定期巡回・随時対応型訪問介護看護
要介護度が高い人などでも自宅で介護ができるよう、ホームヘルパーや看護師が、昼夜を問わず、必要に応じて利用者の自宅を訪問し、介護や看護を行います（要介護1以上）。

第4章 介護保険のサービス●どんなサービスがよく利用されますか？

訪問サービス

Q36 ヘルパーに家族の食事も作ってもらえますか？

Q 老親の2人暮らしなのですが、母が骨折してしまい家で療養中です。調理ができない父の分も、調理をお願いできますか？（45歳女性）

A 基本的には、介護保険でのサービスは受けられません。ですが、介護保険外のサービスを行っている事業所もあるので、ケアマネジャーに相談してみましょう。ただし、この場合、父親の分は全額自己負担です。

要介護度が上がると身体介護サービスが増える

訪問介護のサービスは、「身体介護」「生活援助」「通院等乗降介助」の3つです。要介護度が上がると、生活援助の利用が減少する一方で、身体介護の利用が増加する傾向にあります（要支援の場合は日常生活支援総合事業を利用）。

身体介護のなかでも三大介護といわれるのが、食事、排泄、入浴で、ただ世話をするだけではなく、利用者の健康状態を確認するための重要なサービスでもあります。

また、痰の吸引や胃ろうなどの経管栄養などのケアが必要な場合、一定の研修を受けたヘルパーがいれば、訪問介護サービスとして行ってくれる事業所もあります。

原則的に同居家族がいると生活援助は利用できない

生活援助サービスを受けられるのは、原則、利用者がひとり暮らしか、同居する家族が障害や病気などのために、家事を行えない場合に限られます。

また、同居する家族が家事をすることができない状態であっても、利用者以外の日常的な家事の範囲を超える援助は行うことができません。

例えば、大掃除や部屋の模様替え、庭木の手入れやベランダの掃除。また、家族の食事や洗濯、利用者以外が使用するものの買い物、ペットの世話などを頼むことはできません。家族が不在がちなどで利用者の日常生活に支障がある場合は、ケアマネジャーに相談しましょう。

訪問介護の内容

①身体介護

利用者の体に触れて介助したり、日常生活の向上を支援するためのサービスです。

- 排泄の介助（トイレへの移動や利用、おむつ交換）
- 食事の介助（手助け、見守り）・入浴や体を拭くなどの介助
- 洗顔、歯磨き、整髪、ひげ剃りなどの身じたく
- 着替えの介助
- ベッドの上などで体位を変える
- 服薬の介助（一回分の薬を手渡し、服薬の見守り）
- 自立生活支援のための見守り的援助（一人でもできる場合の見守り、家事の手伝いなど）
- 一部の医療行為（痰の吸引、経管栄養）など

②生活援助

掃除、洗濯、調理など日常生活に必要な援助をするサービスです。

- 掃除（利用者の居室などの掃除、ゴミ出し）
- 洗濯（手洗いを含む洗濯、取り込み、アイロンがけ、収納）
- 調理（一般的な調理、配膳、後片付け）
- 買い物（利用者のための食材や生活必需品）
- ベッドメイク
- 衣類の整理や補修（ボタン付けなど）
- 薬の受け取り　など

③通院等乗降介助

通院などのため、ホームヘルパーが運転する車に乗降するときの介助や、乗車前後の移動の介助、通院先などでの手続きの介助サービスです。

訪問介護の費用のめやす

サービスの内容	所要時間	利用料
身体介護	20分未満	165円／回
	20分以上30分未満	248円／回
	30分以上60分未満	394円／回
	60分以上90分未満	575円／回
	以降30分ごとに追加	83円
生活援助	20分以上45分未満	181円／回
	45分以上	223円／回
通院等乗降介助	1回あたり	98円／回

第4章　介護保険のサービス ● ヘルパーに家族の食事も作ってもらえますか？

Q37

訪問サービス

本人が訪問介護を嫌がるときはどうしたらいいですか？

Q 訪問介護を利用したいのですが、他人を家に入れるのを本人が嫌がります。どのように説得したらいいですか？　（53歳男性）

A 他人に家の中を見られたくないという利用者は少なくありません。なぜ見られたくないのか、どのような状態なら見られても構わないのか、その気持ちの背景にある理由を探ってみましょう。

感情的にならずに本人の気持ちをじっくり聞く

介護が必要になった人の多くは、できれば家族に介護して欲しいと思っています。

そのため、訪問介護サービスの利用となると、簡単には納得できず、何かと理由をつけてサービスを受けることを嫌がります。

とはいえ、家族だけで介護をするのは現実的に難しい場合が多く、どうにかして本人を説得することが大きなポイントとなります。

家族が感情的になったり、勝手に手続きを進めたりすると、その後の実際の介護にも支障をきたします。そのため、まずは本人とじっくり話し合い、嫌がる根本的な理由を把握することが大事です。

訪問介護に対する考え方を変えてもらえるように話をする

老いを受け入れられない人は、『介護』という言葉自体に拒否感をもっているのかもしれませんし、女性であれば、他人に家の中を見られることに抵抗を感じたり、他人への不信感が強かったりするのかもしれません。

訪問介護を嫌がる理由の背景にある感情を探り、その考え方を転換できるような助言をすることで、本人の意識を変えてもらえるように説得してみましょう。

また、本人が気にしていることや嫌がることなどを、事前にケアマネジャーに伝えておき、ヘルパーが訪問するときは、はじめのうちだけでも同席するとよいでしょう。

訪問介護を嫌がるときはどうしたらいいか？

●『介護なんて必要ない!!』と言うときは…

　高齢になっても、自分のことは自分でできると自立心を忘れない人や、自分の体の機能が衰えていくことを受け入れられない人もいます。

　そのようなケースでは、『介護』という言葉のイメージに拒絶反応を起こしている場合も考えられます。なぜ『必要ない』と言うのか、どのようなサービスなら『必要』だと思うのか、根本的な理由を知る必要があるでしょう。

説得例1　サービス業であることを強調する

　きちんと研修を受けたプロのサービスなんですよ。いわば、マッサージ師や美容師と同じ。それを家でやってくれるっていうんだから、助かるじゃないですか。『訪問介護』なんて、便宜上の名前だけですよ。

説得例2　生活が楽になることを強調する

　一度試してみませんか。利用してみると、案外、便利なこともあるかもしれませんよ。掃除とか洗濯とか頼めば、わずらわしいことが減るし、その分、趣味の囲碁に没頭する時間が増えるじゃないですか。

●『他人に部屋を見られたくない!!』と言うときは…

　他人に世話を焼かれる以前に、他人に自分の居室を見られたくない、仕事だからといって簡単には信用できないという人もいます。

　とくに女性の場合、掃除が行き届いてないところを人に見られたり、だらしない格好でいることを恥ずかしいと思う高齢者は多く、ヘルパーが来るなら片づけなければいけないと、本末転倒なことを考えてしまう人も多いようです。

説得例1　ヘルパーに対する見方を変えさせる

　家事を手伝ってくれる知り合いができると思ってはどうですか。銀行員とか米屋さんみたいに、意外と長い付き合いになるかもしれませんよ。それに、家族以外にも自分の体調を気遣ってくれる人がいるっていうのは安心でしょう。

説得例2　いっしょに片づける

　きれいに片づいていると思うけど、気になるなら、部屋の掃除を手伝いましょうか。もし、見られたくないものや大事なものがあるなら、引き出しの奥とか押入れにしまいますよ。これだけきれいにしてあれば、ヘルパーさんがお手本にしてくれるかもしれませんね。

Q38

訪問サービス

入浴だけでも助けて欲しいのですが…

Q ほとんど寝たきりの母を入浴させてやりたいのですが、ヘルパーさんだけではどうにもなりません。何とかなりませんか？　（58歳女性）

A 要介護度が高くなると、一般的な浴槽では、ヘルパーさんやご家族では入浴が難しくなってくるでしょう。訪問入浴介護を利用して、家で入浴することが可能です。

訪問介護や通所介護での入浴が難しい場合に便利

訪問入浴介護は、利用者の自宅に浴槽を持ち込み、原則として看護職員と介護職員が計3名で入浴の介助を行うサービスです。

浴槽の準備や、一定の職員の人数が必要なため、デイサービスや訪問介護での身体介護よりも料金が割高ですが、自宅の設備では介助しきれない場合や、疾病や感染症などで通所介護での入浴介助が利用できない場合などによく利用されます。

利用する際は、まずケアマネジャーに相談しましょう。一般的に、利用者の主治医からサービス利用の許可が出たうえで、事業者が部屋の下見に訪問します。また、サービスの内容上、力仕事になるため、男性職員が含まれることがほとんどです。女性の利用者が同性の職員でなければ嫌がる場合は、あらかじめケアマネジャーに確認しておきましょう。

看護師が体調を確認するので安心して利用できる

入浴の前後には、看護師が血圧、脈拍、体温などを計測し、健康状態を確認します。

体調に問題がなければ、全身浴で髪や体も洗ってもらえますが、体調に不安があるときは、足浴などの部分浴にとどめることもあります。

また、要介護度が低く、健康状態に問題ないことがわかっているケースなどでは、看護師ではなく介護職員が3人で訪問することもあります。

入浴後は、きれいに拭いて着替えの介助をしてくれます。

92

一般的な訪問入浴介護の流れ

①事前の確認
- 医師の許可
- 浴槽を設置するスペース

②訪問当日・入浴前
- 健康状態の確認（血圧、脈拍、体温）
- お湯の準備と浴槽の設置
  利用者宅の水道から移動入浴車に水を引き入れ、ボイラーで沸かした湯を設置した浴槽に入れる。高層マンションなどで、移動入浴車から湯を引けない場合は、利用者宅の浴室から引くこともある。
- 利用者の脱衣の介助

③入浴
- 体調が良ければ、髪と体を洗う。体調に不安があるときは、部分浴のこともある。
- サービス事業所によっては、入浴剤などのサービスもある。

④入浴後
- 全身をよく拭き、ベッドへ移動して着替えの介助
- 体調のチェック
- 爪切りや耳あか掃除、薬の塗布などもしてくれる。
- 使用後の湯は、利用者宅の浴室やトイレに排水

訪問から撤収まで1時間程度

訪問入浴介護の基本サービス費のめやす
（自己負担1割の場合の1回あたりの利用料）

	サービス内容	利用料
要支援1、2	全身入浴（基本サービス費）看護職員1名＋介護職員1名	845円／回
要介護1～5	全身入浴（基本サービス費）看護職員1名＋介護職員2名	1,250円／回
	全身入浴　介護職員3名	1,188円／回
	部分浴または清拭	875円／回

※介護福祉士が一定の割合以上いるサービス事業所では、上記に加算される場合があります。また、このほか交通費がかかることもあります。

第4章 介護保険のサービス ● 入浴だけでも助けて欲しいのですが…

訪問サービス

Q39 脳梗塞を患い退院したのですが、どんなサービスを利用できますか？

 脳梗塞になった父が退院するのですが、このまま家で療養させるだけでは心配です。何かよいサービスはありますか？（46歳男性）

 体の機能を回復したい、または衰えていくのを防ぎたいということなら、リハビリテーションのサービスを受けることができます。リハビリには**自宅で受けられる訪問型と、施設で行う通所型（デイケア）があります。**

リハビリテーションには訪問型と通所型がある

　介護保険では、理学療法士、作業療法士、言語聴覚士の資格をもった専門職が、リハビリを指導するサービスを行っています。

　対象者は要支援者から要介護度の高い人たちまで幅広く、日常生活に必要な機能を回復し、自立を促すことを目的としています。

　サービスを提供しているのは、医療機関や介護老人保健施設などで、訪問型と通所型があります。

　いずれも、指導をするのは専門スタッフですが、リハビリを受けるには、主治医の許可が必要です。また、病院の外来でリハビリを受けている場合は、サービスを利用することができません。

訪問型と通所型のそれぞれの利点

　リハビリの内容は、利用者の症状や最終的な目標によって異なります。体の、どの機能をどの程度回復させたいかを明確に伝えることで、的確なプログラムが作成されます。

　訪問型の場合、自宅の住環境に合わせたリハビリを行うことができるのが、大きなポイントです。ベッドやテーブルの高さ、使い慣れた食器など、実生活に沿ったリハビリを受けることができます。

　一方、通所型の場合は、リハビリの設備やスタッフが充実しているという利点があります。また、食事や入浴サービスが受けられる施設もあるので、利用者にあった施設を選ぶことができます。

介護保険で利用できるリハビリテーションのポイント

訪問リハビリテーション

- ・リハビリに必要な専門スタッフが自宅に出向いてくれる
- ・住環境にあったリハビリが受けられる
- ・健康状態のチェックや、自宅での介護に適した環境づくり（住宅改修など）のアドバイスをしてくれる

通所リハビリテーション

- ・リハビリの設備や用具が充実している
- ・一般的に送迎もしてくれる
- ・医師がいるため安心して利用できる
- ・施設によっては、食事や入浴などデイサービスのようにも利用できる（ただし、デイサービスを利用するより、料金は高め）
- ・施設の規模や要介護状態によって料金が異なる

訪問リハビリテーションと通所リハビリテーションの基本サービス費のめやす

●訪問リハビリテーション

1回（20分以上）※1	利用料	290円／回

※1　40分の場合は2回、60分の場合は3回と換算し、週6回を限度とする。

●通所リハビリテーション（要介護1〜5の場合）

※通常規模型（1カ月の平均のべ利用者数が301〜750人）のサービス事業所の場合の料金

要介護度	1時間以上2時間未満	2時間以上3時間未満	3時間以上4時間未満	4時間以上5時間未満	5時間以上6時間未満	6時間以上7時間未満	7時間以上8時間未満
要介護1	329円	343円	444円	508円	576円	667円	712円
要介護2	358円	398円	520円	595円	688円	797円	849円
要介護3	388円	455円	596円	681円	799円	924円	988円
要介護4	417円	510円	693円	791円	930円	1,076円	1,151円
要介護5	448円	566円	789円	900円	1,060円	1,225円	1,310円

●介護予防通所リハビリテーション（要支援1・2の場合）

要支援1	1カ月につき	1,712円
要支援2	1カ月につき	3,615円

訪問サービス

Q40

大腸がんで人工肛門のケアなどをお願いしたいのですが…

Q 夫が大腸がんの術後を自宅で療養するのですが、私に人工肛門のケアができるか不安です。どこかに頼めますか？　（76歳女性）

A 人工肛門のケアは、医師の指示が必要な医療処置とみなされるため、訪問看護サービスを頼みましょう。看護師らが病状のチェックや療養上のアドバイスもしてくれるので、自宅でも安心して介護できます。

自宅での看護に必要な幅広いサービス

　訪問看護は、看護師や准看護師などの資格をもった専門スタッフが、利用者の自宅を訪問するサービスです。利用にあたっては、医療行為を伴うため主治医の指示書が必要となります。

　サービスの内容は、利用者の病状や健康状態のチェックから、自宅での療養環境へのアドバイス、精神的・肉体的なケア、入浴や排泄の介助まで多岐にわたります。

　とくに、医療処置においては、痰の吸引や経管栄養の管理のほか、服薬の確認、床ずれの処置、浣腸や人工肛門のケアなど、自宅で看護する際に必要となるさまざまなサポートをしてくれます。

訪問看護ステーションと病院・診療所の違い

　訪問看護サービスを行っている事業者は、訪問看護ステーションと病院や診療所などの医療機関に大別されますが、訪問看護ステーションであれば、理学療法士なども所属しているため、リハビリを行ってもらうことも可能です。

　ただし、訪問看護ステーションと医療機関とでは、基本的な料金設定が異なります。

　また、日中以外の訪問や緊急で訪問する場合、複数のスタッフで対応しなければならない場合など、状況に応じて細かな加算が設定されています。事業者によっては緊急時に対応できないところもあるので、必要に応じて選定するとよいでしょう。

訪問看護の主な内容

病状や体調の管理

・利用者の病状確認
・血圧、体温、呼吸、脈拍のチェック
・食事や運動などのアドバイス　など

療養生活のケアやアドバイス

・療養環境へのアドバイス
・精神的なケア
・リラックスのためのマッサージ
・口腔内のケア
・入浴、洗面、洗髪
・排泄の介助　など

医療処置

・服薬指導や服薬の確認
・床ずれの予防や処置
・浣腸や人工肛門のケア
・胃ろうなどの経管栄養の管理
・点滴や注射
・痰の吸引
・在宅酸素療法や人工呼吸器の管理
　など

リハビリ

・必要に応じたリハビリテーション

訪問看護の費用のめやす

●基本サービス費のめやす

所要時間	訪問看護ステーションから	病院・診療所から
20分未満（※1）	311円／回	263円／回
30分未満	467円／回	396円／回
30分以上60分未満	816円／回	569円／回
60分以上90分未満	1,118円／回	836円／回
理学療法士、作業療法士または言語聴覚士の場合	296円／回	

※1　20分以上の訪問看護を週1回以上利用した場合のみ算定できる。

●主な加算

夜間（18時～22時）または早朝（6時～8時）　所定単位数の25%
深夜（22時～6時）　所定単位数の50%
1時間30分以上行う場合　300円
看護師2人以上で行う場合
　30分未満　254円／回
　30分以上　402円／回

看護師と看護補助者で行う場合
　30分未満　201円／回
　30分以上　317円／回
緊急時訪問看護加算
　訪問看護ステーション　574円／月
　病院・診療所　315円／月

訪問サービス

Q41

おむつの交換や寝返りが必要で睡眠がとれません

Q 夜中に一度はおむつ交換が必要で、介護する者が睡眠不足になっています。夜間に頼めるサービスはありますか？（69歳男性）

A 宿泊サービスをともなわない夜間の介護サービスには、夜間対応型訪問介護と、定期巡回・随時対応型訪問介護看護の２つのサービスがあります。

夜間・早朝の介護を支援する夜間対応型訪問介護

夜間対応型訪問介護も定期巡回・随時対応型訪問介護看護も地域密着型サービスの１つで、利用できるのは事業者と同一の市区町村に住む要介護の人のみです。

夜間対応型訪問介護は、訪問介護が対応しない夜間の時間帯に訪問するサービスで、利用時間は事業所によりますが、おおむね夜８時～朝８時です。

サービスの内容も事業所によって異なりますが、オペレーションセンターの有無によって料金のしくみが異なります。

定期巡回は夜間に定期的に訪問するサービスで、随時訪問は利用者からの連絡に応じてその都度訪問します。また、オペレーションセンターが設置されている場合は、オペレーターがアドバイスを行う場合もあります。

24時間、何度でも利用できる定期巡回・随時対応型訪問介護看護

定期巡回・随時対応型訪問介護看護は、昼夜を問わず、24時間体制で訪問介護と訪問看護が受けられるサービスです。

このサービスも、定期巡回、随時訪問、オペレーターによる随時対応が主なサービスで、看護が不要な場合は訪問介護だけでも利用できます。

料金が１月あたり定額で、１日に何度も訪問してもらえます。また、このサービスを利用中に通所系や短期入所系のサービスを利用した場合は介護報酬の減算もあります。

夜間対応型訪問介護と定期巡回・随時対応型訪問介護看護の主な違い

	夜間対応型訪問介護	定期巡回・随時対応型訪問介護看護
利用時間	夜間のみ	24時間
料金	オペレーションセンターが設置されている場合 基本サービス費＋1回の料金×利用回数 オペレーションセンターが設置されていない場合 基本サービス費	定額／月
訪問看護の有無	なし	あり （介護だけの利用も可）

夜間対応型訪問介護の基本サービス費のめやす
（自己負担1割の場合の利用料）

	サービス内容		料金
オペレーションセンターが設置されている場合	基本サービス費		1,009円／月
	定期巡回	1回の訪問は30分程度。基本サービス費にプラスされる。	378円／回
	随時訪問（1名の場合）		576円／回
	随時訪問（複数名の場合）		775円／回
オペレーションセンターが設置されていない場合	基本サービス費		2,742円／月

定期巡回・随時対応型訪問介護看護の基本サービス費のめやす
（自己負担1割の場合の1カ月あたりの利用料）

要介護度	一体型 （同一の事業者が介護と看護を行う）		連携型 （別々の事業者が連携して行う）
	介護と看護	介護のみ	
要介護1	8,267円	5,666円	5,666円
要介護2	12,915円	10,114円	10,114円
要介護3	19,714円	16,793円	16,793円
要介護4	24,302円	21,242円	21,242円
要介護5	29,441円	25,690円	25,690円

第4章　介護保険のサービス ● おむつの交換や寝返りが必要で睡眠がとれません

Q42

通所サービス

偏屈な高齢者ですが、デイサービスでなじめますか？

Q 出先で骨折して以来、父が家から出ません。デイサービスに通わせたいのですが、ほかの人とうまくやれるか心配です。（63歳女性）

A デイサービスは、要介護度と施設の規模や利用時間により、利用料金が異なります。それぞれの施設ごとの特徴があるので、どのようなサービスを望んでいるかを明確にして、見学をしてから契約をしましょう。

本人が気に入る施設を探すことが第一

デイサービスの施設は、レクリエーションの内容など、それぞれ特徴があり、本人と相性によい施設が見つかると心身の状態が改善できる可能性があります。逆にストレスの大きな施設であったら、要介護状態が進む可能性もあります。

本人と相性のよい施設と出合えることがいちばんなので、本人と家族で見学したり、体験利用することをおすすめします。そのうえで契約しますが、利用しはじめたあとでとでも、合わないようなら、ケアマネジャーに相談し、施設を変えてもらったり、週3回のプランであれば、2回は別の施設を選ぶなどの方法もあります。

ただ、通所介護の場合、サービスの善し悪しよりも、その施設にボスがいるなど利用者同士の人間関係によって、「行きたい」「行きたくない」となることが多いので、そのボスと違う曜日にしてもらう方法もあります。

デイサービスで行われること

サービスの内容は事業者によって特徴があり、個別機能訓練や入浴介助を行ったり、レクリエーション、カラオケ、音楽鑑賞、手作り教室などメニューは多彩です。また、クリスマスや七夕、節分など季節のイベントで盛り上げる施設も多く、人づき合いが苦手な人でも自然になじめるような工夫がされている施設がほとんどです。

デイサービスの1日の流れ（一例）

- 8:00 送迎
- 9:00 施設到着、健康チェック・体温、血圧、脈拍の測定など
- 10:00 入浴サービス
- 12:00 昼食・介護食、経管栄養など・服薬管理
- 13:00 休憩
- 13:30 機能訓練、レクリエーション、施設独自のプログラム　など
- 15:00 おやつ
- 16:00 送迎

通所介護の基本サービス費のめやす

●通常規模型の場合

※利用定員19名以上、1カ月の延べ利用者数301〜750人のサービス事業所の場合の料金

要介護度	3時間以上4時間未満	4時間以上5時間未満	5時間以上6時間未満	6時間以上7時間未満	7時間以上8時間未満	8時間以上9時間未満
要介護1	362円	380円	558円	572円	645円	656円
要介護2	415円	436円	660円	676円	761円	775円
要介護3	470円	493円	761円	780円	883円	898円
要介護4	522円	548円	863円	884円	1,003円	1,021円
要介護5	576円	605円	964円	988円	1,124円	1,144円

※入浴介助や個別機能訓練などを行った場合、利用者が認知症の場合、9時間以上の延長を行った場合などは、上記に加算される。

第4章　介護保険のサービス　● 偏屈な高齢者ですが、デイサービスでなじめますか？

Q43

通所サービス

認知症ですが、デイサービスを利用できますか？

Q 認知症の母ができるだけ人とかかわれるようにデイサービスを利用したいのですが、受け入れてもらえるでしょうか？（57歳男性）

A お住まいの地域に、認知症対応型通所介護サービスの事業所を探してみましょう。通常のデイサービスでも認知症の人を受け入れてくれますが、認知症対応型は認知症専門なので手厚いケアが受けられます。

認知症の高齢者に特化した通所サービス

認知症対応型通所介護は、認知症対応型デイサービスとも呼ばれ、地域密着型サービスの1つです。

サービスの内容は、通所介護と同じく施設によってさまざまですが、定員数が12名以下と定められているため、小規模でアットホームな雰囲気があります。また、原則として、居住地域でのサービスとなるため、なじみのある地域で利用することができます。

このサービスは、認知症の程度に関係なく利用でき、要支援の場合でも介護予防サービスとして利用できます。ただし、認知症の原因である疾患が急性の状態の場合は、対象外となります。また、施設によって

は、医師の診断書を必要としたり、市区町村の定める日常生活の自立度を満たしていなければならないなどの条件があるケースもあります。

施設のタイプによって基本サービス費が異なる

通所する施設には、3つのタイプがあります。一般的な通所介護施設が併設されていない単独型。特別養護老人ホームや医療機関などに併設されている併設型。そして、認知症対応型共同生活介護（グループホーム）などの共用スペースを利用して、入居者とともにサービスを受ける共用型です。

共用型は、定員数が3名以下となっており、実施している事業者も少ないのが現状です。

認知症対応型通所介護と一般的な通所介護の主な違い

	認知症対応型通所介護	通所介護
対象者	要介護・要支援認定を受けた認知症の人	要介護認定を受けた人
定員数	12名以下	規定がない
利用できる場所	原則、居住地の市区町村	どこでも可
認知症に対しての利用料金	基本サービス費に含まれる	基本サービス費に加算

認知症対応型通所介護・介護予防認知症対応型通所介護の基本サービス費のめやす

●単独型の場合

要介護度	所要時間					
	3時間以上4時間未満	4時間以上5時間未満	5時間以上6時間未満	6時間以上7時間未満	7時間以上8時間未満	8時間以上9時間未満
要支援1	471円	493円	735円	754円	852円	879円
要支援2	521円	546円	821円	842円	952円	982円
要介護1	538円	564円	849円	871円	985円	1,017円
要介護2	592円	620円	941円	965円	1,092円	1,127円
要介護3	647円	678円	1,031円	1,057円	1,199円	1,237円
要介護4	702円	735円	1,122円	1,151円	1,307円	1,349円
要介護5	756円	792円	1,214円	1,245円	1,414円	1,459円

●併設型の場合

要介護度	所要時間					
	3時間以上4時間未満	4時間以上5時間未満	5時間以上6時間未満	6時間以上7時間未満	7時間以上8時間未満	8時間以上9時間未満
要支援1	425円	445円	661円	678円	766円	791円
要支援2	472円	494円	737円	756円	855円	882円
要介護1	487円	510円	764円	783円	885円	913円
要介護2	536円	561円	845円	867円	980円	1,011円
要介護3	584円	612円	927円	951円	1,076円	1,110円
要介護4	633円	663円	1,007円	1,033円	1,172円	1,210円
要介護5	682円	714円	1,089円	1,117円	1,267円	1,308円

※入浴介助や個別機能訓練などを行った場合、9時間以上の延長を行った場合などは、上記に加算される。

Q44

宿泊サービス

身内に不幸があり、急に短期入所を頼みたいのですが…

Q 普段、私が夫を介護しているのですが、2日ほど留守にします。急なことなのですが、短期入所を利用できますか？（65歳女性）

A 一般的に、短期入所を利用する場合、1～2カ月前の予約が必要とされていますが、市区町村によっては、緊急のショートステイに対応してくれる施設もあります。

短期入所は、サービス内容や施設、居室によって料金が異なる

短期入所（ショートステイ）には、日常生活のケアだけを受ける「短期入所生活介護」と、医療的なケアも必要とする「短期入所療養介護」があります。利用するサービスが異なるため、入所する施設も異なり、利用料も、一般的に療養介護のほうが高くなります。

また、介護老人福祉施設などに短期入所用の部屋が設置されている併設型と、短期入所専門の施設である単独型によっても料金が異なり、さらにユニット型個室、従来型個室、多床室といった居室のタイプによっても基本サービス費が異なります。

このほか、利用した日数分の居住費や、食費、施設が定める日常生活費が別途必要になります。おむつ代や介護用品、通信費、レクリエーション費などの料金やサービス内容は施設ごとに異なります。

要介護度が低くても利用できるが日数に留意する

短期入所は、要介護者だけでなく、要支援者でも介護予防サービスとして利用できますが、支給限度額に留意する必要があります。

支給限度額の低い要支援者・要介護者では、長期間の利用は難しく、利用額が支給限度額をオーバーした場合には、超えた分は全額負担しなければなりません。

どうしても利用日数が長くなる場合は、月をまたいで入所する方法も考えられますが、まずはケアマネジャーに相談しましょう。

ショートステイ申込書の一例

第4章 介護保険のサービス ● 身内に不幸があり、急に短期入所を頼みたいのですが…

ショートステイ申込書サンプル

☐新規　☐再　　　　　　　　　　　　　　　　　　　　　平成　　年

施設名	○○の里	申込日 月 日
担当者	○○	
FAX	○○○-○○○-○○○○	結果通知 月 日
TEL	○○○-○○○-○○○○	

支援事業所番号 及び事業所名	
担当者	
FAX	
TEL	

利用者情報

氏 名（ふりがな）	カイゴ ハナコ 介護 花子	男・**女**	生年月日	M・T・**S** 6年 5月10日生（88歳）

住 所	〒000-0000 ○○市東町 1丁目 2番 3号

要介護度	支1・支2・**1**・2・3・4・5	被保番	1000123456	負担段階	1・2・3・**4**

申込者名	木下 幸子	関係（**長女**）	緊急連絡先	TEL ○○○-○○○-○○○○	FAX ○○○-○○○-○○○○

家族状況	同居　**独居**　高齢者世帯　その他（　　　　）

申込理由	介護者の（休暇・病気・冠婚葬祭）・**本人の希望**・その他（　　　　　）

身体状況

移 動	歩行（**自立**）　つたい歩行（介助）　杖（有　無）　車いす（自操　介助）　歩行器
	転倒の可能性（大　中　**小**）　その他注意点

排 泄	（**自立**）　介助　ポータブル　リハパン　オムツ　パット　普通の下着
	その他注意点

食 事	（**自立**）　介助（見守り　一部介助　全介助）　主食（　　）副食（　　）
	その他注意点　糖尿食　減塩食　禁食（魚・卵・そば）　　　　　　療養食加算　有　**無**
	その他（　　　　　　　　　　）

入浴形態	個浴　**一般浴**　機械浴　：　介助の内容（　　　　）

認知症	認知症老人の日常生活自立度　：　**自立**　I　IIa　IIb　IIIa　IIIb　IV　M
	問題行動　徘徊　同じ話の繰返し　暴言　興奮　昼夜逆転　物取られ妄想
	その他（　　　　　　）

現病名	伝染病疾患（結核など）の有無の確認含む

医療処置	有　**無**　（　　）	エアーマット使用　有　**無**
		その他

利用希望日

居室の希望	個室　多床室　**どちらでもよい**
第1希望	平成○○年　○月　○日（　）～　○日（　）【 1 泊 2 日】
第2希望	平成○○年　○月　○日（　）～　○日（　）【 2 泊 3 日】

希望なし	いつでも可／（ただし　　月上・中・下旬 頃に　　泊　　日くらいで）

キャンセル待ち	**希望する**　希望しない　備考

送迎希望	有　無　入所希望時間　AM/PM　：　退所希望時間　AM/PM　：

注：（施設内の事故防止のため、面談時に記入情報が現況と著しく違うと認められる場合は、利用不可となる場合があります。）

施設返信欄

①利用可否	可　・　否	②否の場合、キャンセル 待ちについて	キャンセル待ち　可　・　不可
③利用可能日	平成　年　　月　　日（　）～平成　　年　　月　　日（　） 平成　年　　月　　日（　）～平成　　年　　月　　日（　）		
④入所時間	AM/PM　：　～　：	⑤退所時間	AM/PM　：　～　：
⑥送 迎	可　否　その他（送迎は行っていない／　　　　）		
⑦備 考			

本人の状態を正確に伝える

一般は「4」。区分表は126ページ参照

105

Q45

宿泊サービス

「ロング・ショート」という 方法があると聞きましたが…

Q 特別養護老人ホームに空きがなく、とりあえずロング・ショートステイにする方法があると聞いたのですが本当ですか？（55歳男性）

A ショートステイは、一時的に利用することを前提としているサービスですが、様々な家庭の事情でやむを得ない場合は、ショートステイの長期間の利用が可能です。

ショートステイは、原則的に利用期間が定められている

　ショートステイには、利用期間について、以下の2つの条件があります。

①要介護認定の有効期間のおおむね半数を超えないこと。

②連続して30日を超えて利用しないこと。

　要介護認定の有効期間は、介護認定を受けたときに発行される介護保険被保険者証に記載されています。一般的に、1〜2年間が有効期間で、ショートステイの利用はその半分の日数しか利用できないとされています。

　また、連続して利用する場合は、30日以内にとどめなければならないため、31日目からは利用できないと

いうことになります。

長期のショートステイをすると自己負担が増える

　しかし、認知症が進んだり介護者の事情などにより、すぐに退所できない場合、「①有効期間のおおむね半数を超えない」「②連続して30日を超えて利用しない」ルールをくり返して長期利用する方法があります。「ロング・ショートステイ」と呼ばれる方法です。その際、30日以内のルールがあるので、連続利用する31日目は利用料金が全額自己負担になります。また、ロング・ショートステイは本来の利用方法ではないので、短期入所制限日数を超える場合は、市区町村によって状況確認書の届け出が必要になります。

106

短期入所生活介護・介護予防短期入所生活介護の基本サービス費のめやす
（自己負担1割の場合の1日あたりの利用料）

要介護度	単独型 従来型個室・多床室	併設型 従来型個室・多床室	単独型 ユニット型 ユニット型個室・ユニット型個室的多床	併設型 ユニット型 ユニット型個室・ユニット型個室的多床室
要支援1	465円	437円	543円	512円
要支援2	577円	543円	660円	636円
要介護1	625円	584円	723円	682円
要介護2	693円	652円	790円	749円
要介護3	763円	722円	863円	822円
要介護4	831円	790円	930円	889円
要介護5	897円	856円	997円	956円

※個別機能訓練などは、上記に加算されます。
※居住費、食費、施設が定める日常生活費などは、全額自己負担。

ロング・ショートステイを利用する際のポイント

本来の利用の仕方ではないため、一般的には、ケアマネジャーから市区町村への状況確認書などの届け出が必要。

31日目は全額自己負担となる。これを、31日ごとにくり返して、長期利用する。

支給限度額を考慮すると、介護保険でまかなえるのは要介護度の高い利用者（要介護4〜5）。要支援者や要介護度の低い人は、自己負担が大きくなる。

利用中は、特別養護老人ホームなどの入居先を探す努力をする。

第4章　介護保険のサービス ●「ロング・ショート」という方法があると聞きましたが…

Q46

多機能サービス

通ったり、泊まれたり、訪問してくれる施設があるそうですね

Q 介護する者が多忙なのですが、訪問や通所、短期入所などが比較的自由に利用できるサービスはありませんか？ （62歳女性）

A 訪問、通所、宿泊がある程度フレキシブルに利用できる「小規模多機能型居宅介護」というサービスがあります。また、医療的なケアが必要な場合は、「看護小規模多機能型居宅介護」というサービスがあります。

訪問、通所、宿泊サービスを包括的に受けられる

「小規模多機能型居宅介護」は、地域密着型サービスの1つで、通所を中心に、利用者の様態や希望によって宿泊や訪問サービスを行うものです。

そして、このサービスに訪問看護を加えたのが「看護小規模多機能型居宅介護」です。

いずれも1つの事業者と契約して包括的なサービスを受けることができ、訪問に来てくれるスタッフと施設で会うスタッフがほぼ一緒のため、スタッフと顔なじみという利点があります。登録できる定員数は29人以下で、1日の利用者は、通所18人以下、宿泊9人以下と定められているため、手厚いサービスを受けることができます。

包括的であることのメリットとデメリット

このサービスの特徴は、通所、宿泊、訪問とも利用者の自由に設定することができることです。通所であれば、利用時間や施設でのプログラムも個々に決めることができ、宿泊する際も、定員に達していなければ、いつでも利用できます。また、1カ月の定額料金で、利用回数に制限がありません。ただし、一部のサービスに不満がある場合、それだけをほかの事業者に変えることはできず、ケアマネジャーも事業所に所属の人と契約しなければなりません。

また、訪問介護、訪問入浴介護、訪問看護、通所介護、短期入所生活介護などは利用できなくなります。

小規模多機能型居宅介護のイメージ

施設
定員
登録：29人以下（1事業所あたり）
通い：18人以下（1日あたり）
宿泊：9人以下（1日あたり）

利用者の様態や希望により訪問
通いを中心に様態や希望により宿泊

小規模多機能型居宅介護・看護小規模多機能型居宅介護の基本サービス費のめやす

（1カ月あたりの利用料）

要介護度	小規模多機能型居宅介護 事業所と同一の建物に居住する者以外	小規模多機能型居宅介護 同一建物に居住する者	看護小規模多機能型居宅介護 事業所と同一の建物に居住する者以外	看護小規模多機能型居宅介護 同一建物に居住する者
要支援1	3,403円	3,066円	利用できない	
要支援2	6,877円	6,196円		
要介護1	10,320円	9,298円	12,341円	11,119円
要介護2	15,167円	13,665円	17,268円	15,558円
要介護3	22,062円	19,878円	24,274円	21,871円
要介護4	24,350円	21,939円	27,531円	24,805円
要介護5	26,849円	24,191円	31,141円	28,058円

※「事業者と同一の建物」とは、養護老人ホーム、軽費老人ホーム、有料老人ホーム、サービス付き高齢者向け住宅などのこと。
※要支援は介護予防小規模多機能型居宅介護の料金。
※利用者が認知症の場合や、所定のサービスを行った場合などは、上記に加算される。
※宿泊費、食費、日常生活費などは、全額自己負担。

第4章 介護保険のサービス ● 通ったり、泊まれたり、訪問してくれる施設があるそうですね

Q47

福祉用具・住宅改修

親戚の家具店にベッドを頼むことはできますか？

Q 介護用ベッドの購入を検討しているのですが、親戚の家具店で購入した場合、介護保険を利用できますか？（73歳男性）

A 介護用ベッドは福祉用具貸与の対象なので、介護保険を利用して購入することはできません。また、親戚の家具店が都道府県もしくは政令指定都市から指定を受けた業者でなければ貸与もできません。

福祉用具貸与の対象用具は13品目のみ

福祉用具貸与は、利用者の利便性を図り、介護者の負担を軽減するために、介護に必要な用具をレンタルするサービスです。

対象となる用具は居宅介護に必要な13品目で、各都道府県もしくは政令指定都市から指定を受けた事業者のものに限られます。

例えば、介護用ベッドとひとくちに言っても、各メーカーからさまざまな商品が発売されており、介護保険が適用になる商品も一種類ではありません。また、事業者によって取り扱っている商品や料金も異なります。商品選びに困った場合は、ケアマネジャーや事業所の専門相談員に相談してみましょう。

利用途中で商品を切り替えることもできる

実際に利用を開始して、もし利用者の状態に合わない場合は、途中で別の商品に替えることもできます。

また、通常の使用方法をしていたにもかかわらず商品が破損した場合などは、一般的に、無料で部品の交換や修理なども行ってくれます。ただし、対応については事業者によって異なるので、契約する前に確認しておきましょう。

なお、福祉用具貸与については、介護保険が利用できる品目が要介護度によって異なりますが、軽度の人で用具が必要な場合は、状況によっては保険が適用されるケースもあるので、ケアマネジャーに相談してみましょう。

福祉用具貸与の対象用具の自己負担額のめやす （1カ月あたりの利用料）

●要支援1・2、要介護1～5の人が利用できるもの

手すり	取り付けに際し、工事を伴わないもの	200～500円
スロープ	段差解消のためのもので、取り付けに際し、工事を伴わないもの	300～700円
歩行器	車輪があるものについては、体の前と左右を囲む取っ手などがあるもの。四脚のものについては、腕の力で移動可能なもの。	200～400円
歩行補助つえ	松葉づえ、カナディアン・クラッチ、ロフストランド・クラッチ、プラットホーム・クラッチ、多点杖	100円

●要介護2～5の人が利用できるもの

車いす	自走用標準型車いす、普通型電動車いす、介助用標準型車いす	400～2,000円
車いす付属品	クッション、電動補助装置など、車いすと一体的に使用されるもの	50～300円
特殊寝台	サイドレールの取り付けが可能で、背部や脚部の傾斜が調整できるか、高さが調整できるもの	700～1,400円
特殊寝台付属品	マットレス、サイドレールなど、特殊寝台と一体的に使用されるもの	50～400円
床ずれ防止用具	送風装置や空気圧調整装置を備えた空気マット、体圧分散効果のある全身用のマット	400～1,200円
体位変換器	空気パッドなど体位を容易に変換できるもの	100円
認知症老人徘徊感知器	認知症の利用者が屋外に出ようとしたときなど、センサーが感知して家族などに通報するもの	800円
移動用リフト	床走行式、固定式、据置式で、取り付け工事が不要なもの	1,000～2,700円

●要介護4・5の人が利用できるもの

自動排泄処理装置	尿や便が自動的に吸引される装置で、交換可能な部品を除く	800～1,500円（※）

※自己負担額は、利用件数の中で最も多い金額（世田谷区ホームページより（※印以外））
※福祉用具の種類や商品によって金額に幅があり、事業者によっても異なる。

第4章 介護保険のサービス ● 親戚の家具店にベッドを頼むことはできますか？

111

Q48

福祉用具のなかで購入しなくては ならないものはありますか?

Q 自宅で介護するのが初めてなのですが、福祉用具貸与を利用すれば、必要な福祉用具はすべて揃いますか? （67歳女性）

A 福祉用具貸与は、比較的高額なものについてのレンタルサービスですが、人が使ったものを再度利用することに抵抗がある福祉用具もあります。これらは特定福祉用具購入サービスを利用します。

指定業者の対象用具であれば 年額10万円まで利用できる

特定福祉用具購入サービスの対象となるのは、腰掛け便座や入浴補助用具など、人の肌が直接触れる5種類の福祉用具で、都道府県などの指定を受けた事業者から購入したものに限られます。利用できるのは要支援や要介護に認定されたすべての人で、それぞれに定められた介護保険の支給限度額とは別に、4月1日から翌年の3月末日までの1年間に10万円まで利用できます。

金額が上限を超えた場合や、指定業者以外から購入した場合は、全額自己負担となるので注意しましょう。

また、基本的に、1年間に同じ商品を購入した場合も、保険の適用外となります。

介護保険の適用を受けるには 申請手続きが必要

特定福祉用具購入の自己負担額の割合は、他のサービスと同じで1割～3割ですが、購入する際は一度全額支払い後で戻ってくる形をとります。

介護保険を利用する場合は、まず、全額負担で商品を購入し、領収書や商品が載っているパンフレットなどを事業者から受け取ります。その後、市区町村に申請するのに必要な書類と合わせて、提出します。必要となる書類は、市区町村で多少の違いがあるため、購入する前に確認しておきましょう。

こうして申請が認可されれば、規定の自己負担額を除いた金額が払い戻されます。

特定福祉用具購入の対象用具

腰掛け便座	和式便器の上に置いて腰掛式に変換するもの、洋式便器の上に置いて座面を高くするもの、便器から立ち上がるときに補助するもの（電動式、スプリング式）、居室で利用できる移動式便器
自動排泄処理装置の交換可能部品	尿や便が自動的に吸引できるもの
入浴補助用具	入浴用椅子、浴槽用手すり、浴槽内椅子、浴槽のふちに掛けて利用する入浴台、浴室内すのこ、浴槽内すのこ、入浴用介助ベルト
簡易浴槽	容易に移動できるもの（空気式、折りたたみ式）で、取水や排水のための工事が必要ないもの
移動用リフトのつり具の部分	体に合ったもので、連続的に利用できるもの

特定福祉用具販売サービスの手続きのしかた

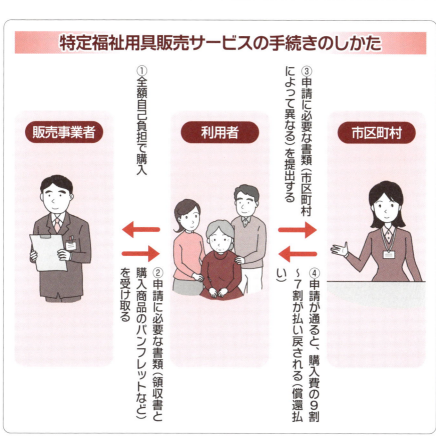

第4章 介護保険のサービス ● 福祉用具のなかで購入しなくてはならないものはありますか？

113

Q49

福祉用具・住宅改修

自分で手すりを付けても材料費はもらえますか？

Q ホームセンターで材料を買ってきて、自分で手すりを取り付けようと思うのですが、その場合でも保険は適用されますか？（59歳男性）

A 施工業者に依頼した場合、材料費や施工費など一切が介護保険の対象になりますが、介護保険の利用者や家族が改修した場合は、材料費のみが保険の対象となります。

保険対象となる住宅改修は細かく定められている

介護保険による住宅改修サービスは、利用者が自宅での生活をより安全で快適なものにできるよう、特定の改修工事を行った場合に、かかった費用の9割～7割を保険でまかなうサービスです。

対象となる工事は、手すりの取り付けや段差の解消、引き戸や洋式便器への取り替え、滑り予防のための床面の変更などで、これに付帯して必要となる工事も適用となります。

ただし、それぞれに適用となる範囲が決められており、例えば、和式便器を洋式便器にする際、暖房便座や洗浄機能がついた洋式便器への取り替えは適用されますが、すでにある洋式便器に暖房機能など新たな

機能を加える場合は適用されません。

また、引き戸に変える際に、自動ドアにした場合、動力部分の費用は適用外になるなど、すべての工事が適用されるわけではないので、まずはケアマネジャーや地域包括支援センターに相談してみましょう。

このサービスを利用できるのは要支援者と要介護者で、住居が持ち家でなくても、所有者の許可さえあれば適用になります。現に居住する住宅（介護保険上の住所地）が対象となります。

利用者2人が同居していれば支給上限額は2倍になる

住宅改修の支給限度額は、利用者1人につき20万円までで、要介護度によって異なる支給限度額とは別枠となっています（116ページへ）。

介護保険が適用される住宅改修

手すりの取り付け	廊下、トイレ、浴室、玄関、玄関から道路までの通路などに取り付ける
段差の解消	敷居を低くする、スロープを設置する、浴室の床をかさ上げするなど
滑り防止や移動しやすくするための、床や通路面の材料の変更	居室の畳を板製やビニル系の床材に変更したり、浴室や通路の床材を滑りにくいものに変更する
引き戸などへの扉の取り替え	扉全体の取り替え(開き戸を引き戸、折戸、アコーディオンカーテンに変更)や、扉の撤去、ドアノブの変更、戸車の設置
洋式便器などへの便器の取り替え	和式便座から洋式便座への変更や、既存の便器の位置や向きの変更
上記の工事に付帯して必要な住宅改修	手すりの取付けのための壁の下地補強や、便器の取り替えに伴う給排水設備工事など

住宅改修の依頼から支給までの流れ（償還払いのケース）

 ①事業者の選択・見積依頼

 ②市区町村への申請

 ③市区町村が確認し、結果を報告

 ④改修工事の施工 → 完成

 ⑤事業者に施工費を全額支払い

 ⑥市区町村に改修費の支給申請

⑦市区町村からの支給

事前申請に必要な書類
- 支給申請書
- 工事費見積書
- 住宅改修が必要な理由書（ケアマネジャーなどに作成してもらう）
- 住宅改修後の完成予定の状態がわかる日付入り写真や間取り図など

 注意 途中での工事内容の変更は届け出が必要です。

事後申請に必要な書類
- 住宅改修にかかった領収書
- 工事費内訳書
- 住宅改修の完成後の状態を確認できる書類（日付入りの完成前後の写真）
- 住宅の所有者の承諾書（利用者が所有する住宅でない場合）

たとえば、1つの家屋に2人の要支援者または要介護者がいる家の場合、40万円まで改修工事にかけられることになりますが、その場合、1つの工事で40万円は保険対象になりません。この場合の上限は20万円となり、それ以上にかかった費用は全額自己負担となります。

また、一度に20万円近くかかる工事をする必要はなく、上限額までであれば、工事を何度にも分けて行うことが可能です。さらに、引っ越しをした場合や、要介護度が3段階以上上がった場合は、あらためて20万円まで支給限度額が設けられます。

支給を受けるには
工事前後の申請が必要

住宅改修の支給を受けるには、市区町村への申請が必要です。また、申請の際には、ケアマネジャーに「住宅改修が必要な理由書」を書いてもらう必要があります。工事の必要を感じたら、まずは、ケアマネジャーに相談し、施工業者を紹介してもらいましょう。

施工業者が決まったら、見積もりを依頼します。これは、申請をする際に必要な書類となります。

そのほか、提出すべき書類を揃え、工事前に申請をします。

その後、市区町村からの結果を受けて、工事を開始します。完成後に施工業者に支払う際は、利用者が全額を支払います。

1割〜3割の支給額が払い戻されるのは、工事が終わったことを示す書類を市区町村に提出したあとです（償還払い）。

申請の流れや手続きに必要な書類は、市区町村によって異なるため、事前に確認し、事業者からもらい忘れがないよう留意しましょう。

全額を支払わなくてもよい
方法もある

住宅改修費の支給方法は、前記の償還払いが一般的ですが、このほか、受領委任払いという方法を選択できる市区町村もあります。これは、施工業者への支払いが、はじめから自己負担額のみですむ方法です。この場合も、工事前に申請が必要です。

一般的には、申請書類の審査が通ると、介護保険住宅改修給付券が送られてくるので、工事完了後、指示通りに改修されていることを確認して、施工業者に給付券を渡し自己負担額を支払います。

ただし、受領委任払いが可能な業者は登録制となっていて数が限られるので、事前に確認しましょう。

第5章

介護の お 金

Q50

介護・医療保険のしくみ

高齢者の介護・医療保険のしくみを教えてください

Q 老後は医療と介護にお金がかかりそう。高齢者の医療保険と介護保険のしくみを教えてください。（42歳女性）

A 高齢になってからの医療制度の特徴は、後期高齢者制度があること。介護保険では65歳から第1号被保険者になり、保険料は医療保険の保険料とは別に納めるようになります。

医療保険のしくみ

わが国の公的医療保険制度は大きく分けて、サラリーマンなどが加入する「被用者保険」、自営業者などが加入する「国民健康保険」、そして、これらに加入していた人が原則75歳になったら移行する「後期高齢者医療制度」があります。

医療費の負担割合は、被用者保険も国民健康保険も3割負担ですが、75歳になって後期高齢者医療制度に移行すると、一般・低所得者は1割負担になります。

ただし、75歳になっても現役並みの所得がある人は3割負担です。また、70歳以上75歳未満の人は2割、現役並み所得者は3割負担になります。

保険料の負担について、被用者保険では被扶養者の保険料の負担はありませんが、国民健康保険では世帯単位の加入者の人数に応じた保険料を納付します。所得によっては国民健康保険の保険料のほうが高額になるケースもあります。

介護保険のしくみ

介護保険制度は40歳以上の人が加入しますが、40歳〜64歳の第2号被保険者と65歳以上の第1号被保険者に分かれます。第1号被保険者は申請を行い、介護が必要と認定されたらサービスを利用できますが、第2号被保険者は加齢にともなって生じた「特定疾病（23ページ参照）」が原因でない限り利用できません。

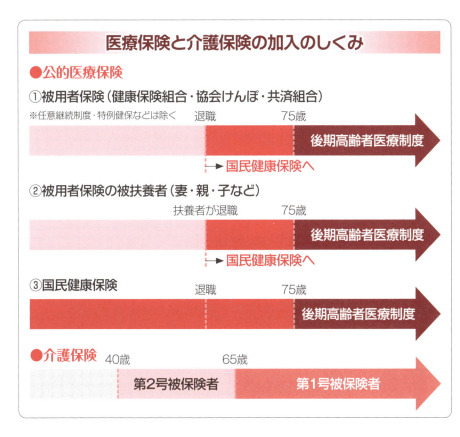

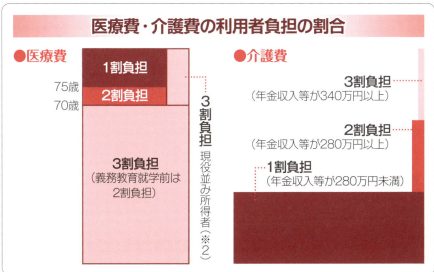

※2 後期高齢者医療制度では、世帯内に課税所得の額が145万円以上の被保険者がいる場合

保険料の減免

Q51

生活が苦しくて 保険料が払えません

Q 母は退院したばかりで生活が苦しくて介護保険料が払えません。当面、猶予してもらえないでしょうか？（48歳女性）

A 介護保険では災害に遭ったり失業したり、収入が少なく生活が苦しい場合、保険料が減免になったり猶予になる制度があります。

介護保険料は所得によって違う

介護保険は、国・地方自治体の税金、65歳以上の第1号被保険者と40〜64歳の第2号被保険者の保険料によってまかなわれています。

それぞれが納付する保険料はどうなっているかというと、第1号被保険者の保険料は保険者である市区町村によって違い、さらに利用者や世帯の所得によって違います。基準額を1とすると、低所得の利用者は0・5程度、所得が多い人は2〜3程度徴収される市区町村もあります。

第2号被保険者の保険料は、加入している健康保険（医療保険）の保険料と合算して徴収されます。保険料額の算定方法も保険者ごとに異なり、医療保険の保険料と同様、所得によって金額は違います。

いろいろな事情で保険料が支払えなくなったら

介護保険では、災害に遭ったり失業などによって所得が大幅に減少した場合など、特別な事情により納付が困難になったとき、保険料が減額になったり、免除されたりする制度があります。

第2号被保険者（40歳以上60歳未満）の場合は自身の事故・病気や失業などによって、第1号被保険者（65歳以上）では配偶者の死亡などによって、経済状況が大きく変化する場合もあるでしょう。該当する場合は保険料の納期限までに申請が必要となるので、市区町村の介護保険の窓口に相談しましょう。

保険料が減免になる場合

①災害により、住宅、家財に著しい損害を受けた場合

②失業などにより、所得が著しく減少した場合

③収入が少なく生活が著しく困窮している場合

介護保険料減免・徴収猶予申請書サンプル

介護保険料減免・徴収猶予申請書

○○市長 あて

次のとおり、平成 30 年度分介護保険料の ☑ 減 免 / □ 徴収猶予 を申請します。

被保険者番号		0	1	2	3	4	5	6	7	8	9		
個人番号		0	0	0	0	0	0	0	0	0	0	0	0

申請者	フリガナ	キノシタ サチコ	被保険者との関係	長女
	氏 名	木下 幸子		
	住 所	〒000-0000 ○○市東町1丁目2番地4	電話番号	000-000-0000
第1号被保険者	フリガナ	カイゴ ハナコ	生年月日	明・大・昭 6 年 5 月 10 日
	氏 名	介護 花子	性別	男 ・ 女
	住 所	〒000-0000 ○○市東町1丁目2番地3	電話番号	000-000-0000
生計維持者の世帯	フリガナ		生年月日	明・大・昭 年 月 日
	氏 名		性別	男 ・ 女
	住 所		電話番号	

減免・徴収猶予を受けようとする納期または年金給付支払月		減免・徴収猶予を受けようとする保険料額
普徴	第 期 ～ 第 期	円
特徴	月分 ～ 月分	

申請理由	該当項目に○をしてください。 1 火災等・2 死亡・長期入院等・3 失業等・4 その他

添付書類	該当項目に○をしてください。 1 給与証明書・2 診断書・3 り災証明書・4 その他

* 減免を受けようとする場合は、普通徴収の方は納期限までに、特別徴収の方は特別徴収対象年金給付支払月の前前月の15日までに申請してください。
* 徴収猶予期間は3か月を限度とします。
* 減免または徴収猶予を受けようとする理由を証明する書類を添付してください。

121

Q52

保険料の滞納

保険料を滞納すると どうなりますか?

Q 介護保険料は納付書で納めています。生活が苦しく保険料が納められません。滞納するとどうなるのでしょうか?（68歳女性）

A 納付期限が過ぎたら20日以内に督促状が届くので、「うっかり」の場合は指定期限内に納めます。生活困窮の場合は市区町村の窓口に相談し、減免などの申請（120ページ参照）をしましょう。

納付期限が過ぎたら延滞金が発生する

　介護保険料は、40〜64歳の人は国民健康保険料（税）や職場の健康保険料といっしょに納め、65歳以上の人で年金の給付額が年額18万円以上の人は年金から天引きされます。これに該当しない人は役所から送られてくる「納付書」を用いて各自で納めます。

　健康保険料や年金と関連させて納める形なので滞納する人は少ないですが、なんらかの事情で納付期限までに納められない場合、納付期限が過ぎたら、20日以内に市区町村より督促状が届きます。この時点で延滞金が加算され、督促状にある指定期限が過ぎたら延滞金は増額になります。

1年以上納めないと保険給付に制限が発生する

　さらに、1年以上滞納が続くと原則1割で利用できる介護保険サービスの給付に制限が発生します。1年以上未納の場合は、利用料の全額をいったん支払い、のちに申請によって給付分を戻してもらう償還払いになります。さらに滞納が2年以上続くと、原則1割で利用できる介護保険サービスが所得に関係なく、3割負担となり、高額介護サービス（124ページ参照）などの給付が受けられなくなります

　第2号被保険者の場合、医療保険と介護保険の保険料を滞納すると、保険給付のすべて、あるいは一部が差し止めになる場合があります。

保険料を納付しなかったら

◆延滞金

納付期限 ← 20日以内 → 督促状発行　督促状の納付指定期限

3％程度（納付期限の1カ月後まで）
9％程度（1カ月後から納付の日まで）

※このほか督促手数料100円程度を徴収する市区町村が多いようです。

◆保険給付の制限

納付期限　　1年　　1年6カ月　　2年

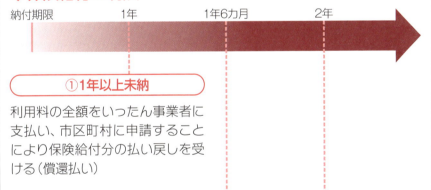

①1年以上未納

利用料の全額をいったん事業者に支払い、市区町村に申請することにより保険給付分の払い戻しを受ける（償還払い）

②1年6カ月以上未納

①のような償還払いを申請しても、滞納している保険料を納めてからでないと保険給付は受けられない。それでも納付のない場合は、保険給付分から滞納している介護保険料を差し引かれることがある

③2年以上未納

通常1割（所得によって2・3割）の自己負担で利用できる介護サービスが、所得に関係なく3割の負担になる。さらに高額介護（予防）サービス（124ページ参照）などの給付が受けられなくなる

第5章　介護のお金　保険料を滞納するとどうなりますか？

Q53

高額介護サービス費とはどういう制度ですか?

Q 母は要介護度が重くなりサービスの利用も増えました。1割負担でも相当な額になりそうで心配です。(56歳女性)

A 世帯の所得によって、サービスの自己負担額が軽減されるしくみがあります。申請が必要なのでケアマネジャーや市区町村の窓口などに相談しましょう。

所得によって上限額があり、超えた分は保険から支給される

1カ月間に利用した介護保険サービス費の(世帯の)負担割合による利用者負担の合計が高額なったとき、上限額を超えた分は「高額介護(予防)サービス費」として、あとから支給されるしくみがあります。ただし、「福祉用具購入費」「住宅改修費」、「要介護等状態区分の支給限度額を超えた額」は支給対象外です。

高額介護サービス費

対象者	負担の上限(月額)
現役並み所得者に相当する人がいる世帯の人	44,400円(世帯)(※)
世帯のだれかが住民税を課税されている人	44,400円(世帯) ※同じ世帯の全ての65歳以上の人(サービスを利用していない人を含む)の利用者負担割合が1割の世帯に年間上限額(446,400円)を設定
世帯の全員が住民税を課税されていない人	24,600円(世帯)
前年の合計所得金額と公的年金収入額の合計が年間80万円以下の人など	24,600円(世帯) 15,000円(個人)(※)
生活保護を受給している人など	15,000円(個人)

※「世帯」とは、住民基本台帳上の世帯員で、介護サービスを利用した人全員の負担の合計の上限額を指し、「個人」とは、介護サービスを利用した本人の負担の上限額を指します。

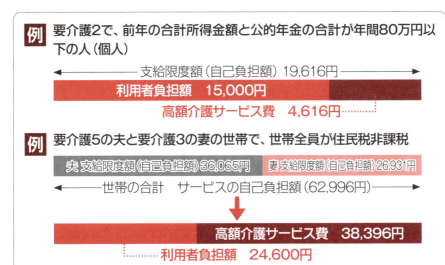

介護保険高額介護（介護予防）サービス費支給申請書

振込口座を指定する

Q54

補足給付

特養の利用料や居住費は人によって違いますか?

Q ひとり暮らしの母が特養に入所します。収入は国民年金だけですが、月々どのくらいお金がかかりますか? (58歳男性)。

A 特養など介護保険施設はサービス利用料のほかに、居住費や食費がかかります。それらの費用は利用者の所得によって4つの段階に区分され、低所得者ほど負担額が少なくなります。

施設サービス費は高額介護サービス費の対象となる

特別養護老人ホーム(サービス名＝介護老人福祉施設)などの介護保険施設やショートステイ(短期入所生活・療養介護)を利用する場合は、サービス費以外にも、居住費や食費がかかります。利用する本人が負担するのが原則ですが、低所得者の場合は負担額が軽減される「**特定入所者介護サービス費（補足給付）**」(184

ページ参照) というしくみがあります。対象となるのは世帯全員の所得になるので、子どもなどと同じ世帯の場合は、利用者本人の所得は低くても負担軽減の対象にならないこともあります。また、ひとり暮らしや夫婦のみ世帯で低所得でも、一定額の貯金等（単身は1,000万円超、夫婦は2,000万円超）を所有する場合や、同一世帯でなくても配偶者が住民税課税者である場合は支給対象外となります。

●利用者負担段階

利用者負担区分	所得区分
第1段階	生活保護受給者または、世帯全員が住民税非課税で本人が老齢福祉年金受給者
第2段階	世帯全員が住民税非課税で、前年の課税年金収入と非課税年金収入額(遺族年金など)と合計所得金額の合計が80万円以下の人
第3段階	世帯全員が住民税非課税で第2段階以外の人
第4段階	上記以外の人 (一般)

居住費と食費の負担限度額（30日で計算）

対象者区分	負担限度額				
	居住費				食費
	多床室	従来型個室	ユニット型個室的多床室	ユニット型個室	
第1段階	0円	9,600円 （14,700円）	14,700円	24,600円	9,000円
第2段階	11,100円	12,600円 （14,700円）	14,700円	24,600円	11,700円
第3段階	11,100円	24,600円 （39,300円）	39,300円	39,300円	19,500円
第4段階	25,200円 （11,100円）	34,500円 （49,200円）	49,200円	59,100円	41,400円

※（ ）内は介護老人福祉施設以外の介護保険施設の場合

介護老人福祉施設のサービス費（30日で計算）

要介護度	ユニット型個室、ユニット型個室的多床室	従来型個室、多床室
要介護3	23,280円	20,850円
要介護4	25,290円	22,890円
要介護5	27,300円	24,870円

※各種加算は含まず

所得による特養への支払いの違い（月額）

●要介護4　ユニット型個室的多床室

	一般（第4段階）の利用者	第2段階の利用者
施設サービス費 （自己負担分）	25,290円	15,000円 （高額介護サービス費 により減額）
居住費	49,200円	14,700円
食費	41,400円	11,700円
合計	115,890円	41,400円

※居住費・食費は30日で計算　※各種加算は含まず

Q55

世帯分離

親と世帯分離したほうが介護費用は安くなりますか?

Q 親と同居していますが、世帯分離したほうが介護費用は安くなると聞きました。ほんとうでしょうか? （48歳男性）

A 親の所得によりますが、生計を一にしていないなど別世帯の実態がある場合、分離すれば世帯単位で受けられる負担軽減などの対象になりやすくなります。

世帯分離とはどういうことか?

世帯とは、住民基本台帳に関わる法律のうえで「居住と生計をともにする社会生活上の単位」とされています。同一家屋に住んでいても、生計を別にしていれば別世帯と考えられます。

世帯分離とは、住所の変更をせずに、いまの世帯を分離して複数の世帯にすること。介護保険で「世帯分離」がよく話題に上るのは、介護保険サービスを利用する際、費用が軽減される高額介護サービス費などは世帯全員の所得が対象になるからです。質問者のように同居は続けても世帯を分離したほうがいろいろお得だ、という考え方があるからです。

ただ、住民票の記録は「住民の実態と合致している」ことが運用の基本方針なので、実態と合致しない場合は、受理してくれるかどうか市区町村によって判断が違う可能性があります。

同居でも実態は別世帯の家族がほとんど

とはいっても、最近では住民票上の同一世帯ではあっても、親にも子にも収入があり生計は別、これまでとくに問題はなかったので同一世帯のままできた、という家族がいるでしょう。こうした家族は、実態は別世帯なのですから、親のひとりが亡くなったときなどに世帯分離の手続きをしておくと、いざ介護が始まったというときに有利になることがあります。

（130ページへ）

128

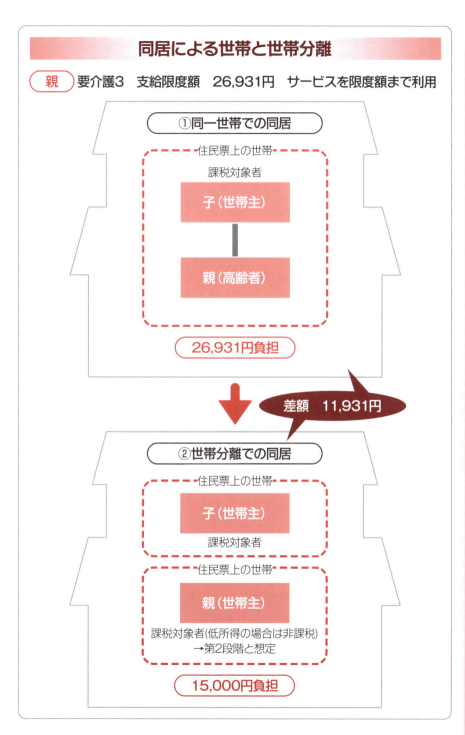

親の所得が多い場合は世帯分離しても変わらない

　介護保険を利用するうえで、親の所得が多い場合は、世帯分離してもあまり有利なことはありません。親に年金やほかの収入があり住民税の課税対象者であったら「一般」の扱いになるので、たとえ世帯分離したとしても、介護保険料の軽減もなく、高額介護サービス費や介護保険施設の居住費・食費軽減の対象者にもなりません。

　むしろ世帯分離したことで、国民健康保険料や医療費などの負担が増える可能性(減る可能性もある)もあります。

　世帯分離が有利にはたらくのは、親の所得が少ない世帯です。ひとり世帯の親が住民税非課税で、前年の公的年金の収入と、その他の所得の合計が80万円以下であったら、保険料の軽減・高額介護サービス費・介護保険施設の居住費と食費などの負担が軽減されます。介護保険施設を利用した場合の費用の比較例は127ページを参照ください。

　ただし、介護保険施設や短期入所生活・療養介護などの居住費・食費における軽減措置の収入制限には、老齢年金などの課税年金だけでなく、遺族年金や障害年金などの非課税年金も含まれるので、遺族年金の多い人は対象になりません。また、単身で1,000万円、夫婦で2,000万円の預貯金などがある人は負担軽減の対象にならないので注意しましょう。

困ったら、ケアマネジャーに相談してみる

　同居していても、親と子それぞれに収入があり財布は別というケースであれば、実態は別世帯と考えられます。それを前提に、親の介護費用がかさみ家族全体の生活が苦しくなるようなら、ケアマネジャーや地域包括支援センターなどに相談してみましょう。市区町村の市民課などの窓口に直接出向き「介護費用を安くしたいから世帯分離したい」などと

不要なことを口にすると受理してもらえないことがあるかもしれません。いずれにしても、世帯分離は役所に届け出をしないとできないので、申請に行く前にケアマネジャーに、「わが家の場合、世帯分離したほうがよいか?」といったアドバイスを受けることをおすすめします。

世帯分離による負担の増減

◆介護保険関係

①介護サービス利用料	○	世帯の所得が減るので、利用者の負担が軽くなる可能性がある
②介護保険施設などの居住費・食費	○	世帯の所得が減るので、利用者の負担が軽くなる可能性がある
③介護保険料	○	世帯の所得が減るので、利用者の負担が軽くなる可能性がある

◆その他

④子の勤務先からの扶養手当	▲	別世帯でも認められるかは子の勤務先の規定による
⑤子の健康保険料	▲	別世帯でも扶養者と認められるかは子の勤務先の規定による
⑥親と子の国民健康保険料	○×	親の所得によって負担の増減の可能性がある
⑦親が75歳以上の場合	―	同じ医療保険でないので負担の増減はない
⑧親と子の医療費	○×	所得によって負担の軽減もあるが、高額療養費の世帯合算など適用されず負担増になることもある
⑨親と子の税金	○×	住民税の世帯による均等割による負担増が見込まれる
⑩手続き	―	親に代わっての手続きで委任状が必要になることがある

○……負担減が期待できる　▲……子の勤務先の規定による　○×……負担減もあるが、増える可能性もある

Q56

世帯分離をするとき どんな手続きが必要ですか?

世帯分離の手続き

Q 長男の自分が世帯主となり親と同居していましたが、世帯分離したいと思います。どんな手続きが必要ですか? (60歳男性)

A 市区町村の市民課窓口などで「住民異動届」を提出します。理由を尋ねられたら「生計を別にしたいので」と簡単に答え、費用負担の軽減など、くどくどと説明しないほうが無難です。

世帯分離の届出に必要なもの

これまで、子が世帯主だった世帯から親が世帯分離するケース、親の世帯から子が世帯分離するケースなど、世帯分離にはいろいろなパターンがあります。しかし、手続きの方法はほぼ同じで、世帯を分離(異動)する側が役所に届けを出します。本人が行けない場合は代理人が手続きしますが、その際は委任状が必要です。

手続きに必要なものは、窓口に用意されている「住民異動届(世帯分離届)」で、必要事項を記入し提出します。提出するのが本人でも代理人でも本人確認が必要なので、運転免許証・パスポート・マイナンバーカード・健康保険証などのいずれか

を持参します。印鑑も持参したほうが安心です。

本人が国民健康保険に加入している場合は、本人の保険証を忘れずに提出しましょう。世帯が変わったら新たな保険証に変わります。

窓口では生計を一にしていないことを説明する

「住民異動届」に異動の理由を記入する欄はありませんが、窓口によっては尋ねられることがあるようです。住まいが同じで生計を一にしている場合は、世帯分離は実態と合わないからです。世帯分離の理由を尋ねられたら、「生計を別にするので」あるいは「もともと生計は別なので」と実態を説明し、介護保険などについてはとくに触れないほうが無難です。

住民異動届（世帯分離届）サンプル

帯証第1号様式（第4条関係）　**住民異動届**　※代理人が手続きをされる場合は委任状等をお持ちください。　太枠の中をご記入ください

（宛先）○市長　○転入　○転出　○転居　○特例　○世帯変更（世帯合併　世帯分離　世帯主変更）　○訂正　○その他
個人番号カード（住民基本台帳カード）の交付を受けている方が転出される場合、住民基本台帳ネットワーク転出証明書情報を送信します。転入届の際にこれらのカードを提示ください。暗証番号入力が必要です。

異動年月日	平成・西暦	平成30年 4月20日	届出年月日 平成・西暦	平成30年 4月25日	窓口に来た方 氏名	□新世帯主と同じ ☑旧世帯主と同じ
新住所 〒	000-0000	新世帯主名	介護花子		介護和夫	
	○○市東町1丁目2番地3	生年月日 明・大㊐平・西暦 6年5月10日	新住所 〒000-0000	□新住所と同じ ☑旧住所と同じ		
旧住所 〒	同上	旧世帯主名 □同上 介護和夫	○○市東町1丁目2番地3			
		記載事項変更／□返納	電話番号 000-000-0000			
		異動した方との関係 □本人／同じ世帯員／□代理人				

個人番号カード（住民基本台帳カード）・通知カードをお持ちの方→ □記載事項変更／□返納

異動した方全員について記入してください。

No.	ふりがな 氏名	生年月日	性別	世帯主との続柄	児手医案		
1	カイゴ　ハナコ 介護　花子	明・大㊐平・西暦 6年 5月10日	男㊛	本人	国（本・扶）㊙交子資社書回村案 介認交子書回封軍年査検案 印・区回処在通看弦案住ＡＢ案		
2		明・大・昭・平・西暦 年 月 日	男女		国（本・扶）㊙交子資社書回村案 介認交子書回封軍年査検案 印・区回処在通看弦案住ＡＢ案		
3		明・大・昭・平・西暦 年 月 日	男女		国（本・扶）㊙交子資社書回村案 介認交子書回封軍年査検案 印・区回処在通看弦案住ＡＢ案		
4		明・大・昭・平・西暦 年 月 日	男女		国（本・扶）㊙交子資社書回村案 介認交子書回封軍年査検案 印・区回処在通看弦案住ＡＢ案		
5		明・大・昭・平・西暦 年 月 日	男女		国（本・扶）㊙交子資社書回村案 介認交子書回封軍年査検案 印・区回処在通看弦案住ＡＢ案		

住民票申請書　同時に窓口で住民票を申請される場合は、以下もご記入ください。窓口に来た方が別世帯の方の場合、委任状が必要です。

種別・通数 1世帯全員　通　2世帯一部　通 ※記載する方の氏名	世帯主名・続柄の記載の有無 のせる・のせない
【外国籍の方の選択】住民票の写し等の表示について不要な項目に○をしてください。※その他の項目の表示が必要な場合は、窓口でお尋ねください。 氏名のカタカナ表記　　国籍・地域　　30条の45の規定区分　　在留資格・在留期間・満了日　　在留番号・票記載番号	【日本国籍の方の選択】 本籍・筆頭者の記載の有無 のせる・のせない

税証明申請書　同時に窓口で税証明書を申請される場合は、以下もご記入ください。窓口に来た方が本人又は同世帯の親族以外の場合、委任状が必要です。

| 証明する年度の1月1日の住所 □旧所と同じ □板橋区 | 氏名 | □課税（非課税）□納税 平成 年度 枚 □本人 □他（ ） |
| | 氏名 | □課税（非課税）□納税 平成 年度 枚 □本人 □他（ ） |

住民異動届　委任状サンプル

委　任　状　※ご本人（委任者）が記入してください。

○○市長殿

平成 30 年 4 月 20 日

（委任者）　住　所　○○市東町1丁目2番地3

氏　名　　　介護花子　　　印

昼間の連絡先　000 － 000 － 0000

私は、下記の者を代理人として、下記の権限を委任します。

記

（委任事項）

※転入届・転居届を委任された場合、委任者と同一世帯の方を含む通知カード表面記載事項変更届についても委任したとみなします。

※国外への転出届を委任された場合、委任者と同一世帯の方を含む通知カードの返納届出についても委任したとみなします。

（代理人）　住　所　○○市東町1丁目2番地3

氏　名　　　介護和夫

生年月日　M・T・㊚・H　32 年 7 月 4 日　　㊚・女

高額療養費

Q57

病気の治療費が高額で払えるか心配です

Q 夫はがんにかかり、手術代や抗がん剤などが高額になりそうです。抗がん剤も高いと医療費負担が心配です。(72歳女性)

A 公的医療保険には高額の医療費がかかったら、定められた上限額を超えた分を保険から支給される制度があります。上限額は年齢や所得の額によってそれぞれ違います。

医療費負担を軽くする「高額療養費制度」

がんなどの治療では、1〜3割の自己負担でも、医療費が高額になります。そんな高額になる医療費について、一定の額を超える分は加入する医療保険がまかなってくれるのが「高額療養費制度」です。

医療機関や薬局の窓口で支払った額が1カ月（1日〜月末）で一定額を超えた場合、その超えた金額分は保険から支払われます。差額ベッド代や入院中の食事代などは対象外ですが、保険が適用される医療費であれば、入院・通院・在宅医療を問わず対象になるので、合計額がいくら高額になっても、最高が限度額（右ページ参照）までとなるので安心です。

負担の限度額は年齢や所得によって異なる

この制度を利用するには手続きが必要ですが、最終的な自己負担額となる毎月の「負担の上限額」は、加入者が70歳以上かどうかと、加入者の所得水準によって分けられています。計算のしかたなどが複雑なので、手続きする前に医療機関の相談窓口などに相談することをおすすめします。

なお、高額療養費制度には同じ世帯の人が受診した場合、1カ月単位で合算できる「世帯合算」制度や過去12カ月以内に3回以上、上限額に達した場合4回目からは「多数回」に該当し上限額が下がるしくみもあります。

134

高額療養費の負担限度額

70歳以上の人の上限額（平成30年7月診療分まで）

適用区分		外来（個人ごと）	ひと月の上限額（世帯ごと）
現役並み	年収約370万円～ 標報（※）28万円以上 課税所得145万円以上	57,600円	80,100円＋ （医療費－267,000）×1％
一般	年収156万～約370万円 標報26万円以下 課税所得145万円未満等	14,000円 （年間上限 14万4千円）	57,600円
非課税等 住民税	Ⅱ 住民税非課税世帯	8,000円	24,600円
	Ⅰ 住民税非課税世帯 （年金収入80万円以下など）		15,000円

※標準報酬（月額）

70歳以上の人の上限額（平成30年8月診療分以降）

適用区分		外来（個人ごと）	ひと月の上限額（世帯ごと）
現役並み	年収約1,160万円～ 標報83万円以上／課税所得690万円以上	252,600円＋（医療費－842,000）×1％	
	年収約770万円～約1,160万円 標報53万円以上／課税所得380万円以上	167,400円＋（医療費－558,000）×1％	
	年収約370万円～約770万円 標報28万円以上／課税所得145万円以上	80,100円＋（医療費－267,000）×1％	
一般	年収156万～約370万円 標報26万円以下 課税所得145万円未満等	18,000円 （年間上限 14万4千円）	57,600円
非課税等 住民税	Ⅱ 住民税非課税世帯	8,000円	24,600円
	Ⅰ 住民税非課税世帯 （年金収入80万円以下など）		15,000円

69歳以下の人の上限額

適用区分		ひと月の上限額（世帯ごと）
ア	年収約1,160万円～	252,600円＋（医療費－842,000）×1％
イ	年収約770～約1,160万円	167,400円＋（医療費－558,000）×1％
ウ	年収約370～約770万円	80,100円＋（医療費－267,000）×1％
エ	～年収約370万円	57,600円
オ	住民税非課税者	35,400円

Q58

高額介護合算療養費

医療費と介護費を合算すると相当の額になってしまいます

Q 両親を扶養していますが、自分も持病があり医療費と介護費の負担が大変です。負担額が下がる方法はありますか？（44歳男性）

A 同じ医療保険を使う世帯であれば、1年間に使った医療保険と介護保険の自己負担分を合算し、上限を超えた分は戻ってくる制度があります。介護保険か医療保険の窓口に相談してください。

医療費と介護費が合算され自己負担額が軽減される

医療保険の「高額療養費制度（134ページ参照）」や介護保険の「高額介護（予防）サービス費制度（124ページ参照）」を利用しても、夫婦とも持病があり治療を受けていたり介護サービスを利用したりしていたら、医療費と介護費用を合算すると高額になってしまうことも多いでしょう。そうした世帯に対し、同じ健康保険に加入している同一世帯（住民票の同一世帯でなくてもよい）であれば、医療費と介護費の1年間の合算額が決められた額を超えたとき、超えた部分が払い戻される「高額介護合算療養費制度」という制度があります。

年額19万円が上限である低所得世帯であれば、月額1万6千円程度出費していれば対象になります。ただし、「医療保険と介護保険の両方を利用していること（片方の利用だけでは適用されない）」「同一の医療保険制度に加入していること（夫が後期高齢者医療制度で、妻が国民健康保険といった世帯は適用されない）」などの条件があります。

算定期間は毎年8月から翌年7月の1年間

申請は市区町村の介護保険担当窓口に「高額介護合算療養費等支給申請書」を申請し「介護保険自己負担額証明書」を交付してもらいます。それを添付して加入する医療保険の窓口に申請します。市区町村によっては、診療を受けた最終月（7月）の翌年の2〜3月に該当する世帯宛てに「申請書」が届きます。

申請に必要なもの

- 高額介護合算療養費等支給申請書
- 医療保険の被保険者証
- 介護保険の被保険者証
- 世帯主の個人番号がわかるもの
- 印鑑
- 対象となる人全員の口座情報が確認できるもの

※市区町村によって違うので窓口で確認してください。

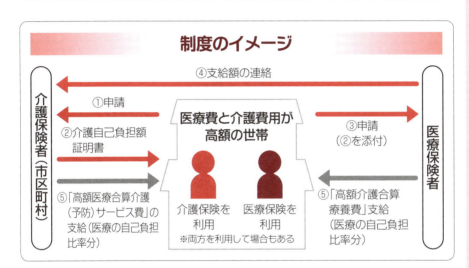

高額介護合算療養費制度の負担上限額(年額)

加入している保険 所得区分	75歳以上の人の世帯 後期高齢者医療制度＋介護保険	70歳〜74歳の人の世帯 健康保険または国民健康保険など＋介護保険	70歳未満の人の世帯 健康保険または国民健康保険など＋介護保険
年収約1,160万円〜	67万円	67万円	212万円
年収約770〜約1,160万円	67万円	67万円	141万円
年収約370〜約770万円	67万円	67万円	67万円
〜年収約370万円 (課税所得145万円未満)	56万円	56万円	60万円
住民税世帯非課税	31万円	31万円	34万円
住民税世帯非課税 (年金収入80万円以下など)	19万円	19万円	34万円

生活保護

Q59 生活が困窮して介護・医療の費用が払えません

Q 要介護状態ですが、医療や介護に使えるお金がありません。援助してくれる子もなく、このままでは孤独死です。(78歳男性)

A 要介護状態で働けず、預貯金や家などの資産もなく、援助してくれる親族がいないなど生活が困窮した場合、生活保護を申請することができるので市区町村の福祉事務所に相談しましょう。

生活保護を受けるための4つの要件

医療を受けたくても、保険料や医療費が支払えない。介護保険を利用したくても、保険料や介護サービスの自己負担分が支払えない。そんな状況になったら、市区町村の福祉事務所や高齢者福祉窓口に相談しましょう。高齢のため「①働くことができない」、預貯金や処分できる土地・家屋などの「②資産がない」、「③扶養してくれる親族などがいない」、年金や手当など「④ほかの制度の給付がない」といった要件が満たされていたら、「生活保護制度」を活用できる可能性があります。

生活保護費の手続き

生活保護費を受け取るには、受け取るにふさわしい状況であることを証明しなくてはいけません。そのため申請には、事前の調査など細かいチェックを受ける必要があります。

①事前の相談

生活保護制度の利用を希望する人は、役所の福祉事務所の生活保護担当まで出向きます。生活保護制度の説明を受けます。

②保護の申請

生活保護を申請したら、通常、以下のような調査が実施されます。
・生活状況等を把握するための実地調査（家庭訪問など）
・預貯金、不動産等の資産調査
・扶養義務者による扶養（仕送り等の援助）の可否の調査
・年金等の社会保障給付、就労収入等の調査

・就労の可能性の調査

③保護費の支給

厚生労働大臣が定める基準に基づく最低生活費から収入（年金や就労収入等）を引いた額を保護費として毎月支給します。生活保護の受給中は、収入の状況を毎月申告し、世帯の実態に応じて、福祉事務所のケースワーカーによる年数回の訪問調査を受けます。就労の可能性がある場合は適切な助言を受けます。

保護費のイメージ

厚生労働大臣が定める基準で計算される最低生活費と収入を比較して、収入が最低生活費に満たない場合に、最低生活費から収入を差し引いた差額が保護費として支給されます。

最低生活費	
年金などの収入	支給される保護費

収入としては就労による収入、年金などの社会保障給付、親族による援助などを想定

保護の種類と内容

生活を営む上で生じる費用	扶助の種類	支給内容
日常生活に必要な費用 （食費・被服費・光熱費等）	生活扶助	基準額は、①食費等の個人的費用。②光熱水費等の世帯共通費用を合算して算出。特定の世帯には加算があります。（母子加算等）
アパート等の家賃	住宅扶助	定められた範囲内で実費を支給
義務教育を受けるために必要な学用品費	教育扶助	定められた基準額を支給
医療サービスの費用	医療扶助	費用は直接医療機関へ支払い（本人負担なし）
介護サービスの費用	介護扶助	費用は直接介護事業者へ支払い（本人負担なし）
出産費用	出産扶助	定められた範囲内で実費を支給
就労に必要な技能の修得等にかかる費用	生業扶助	定められた範囲内で実費を支給
葬祭費用	葬祭扶助	定められた範囲内で実費を支給

介護報酬の改定の主な視点と改定率

改定時期	改定にあたっての主な視点	改定率
平成15年度改定	○自立支援の観点に立った居宅介護支援（ケアマネジメント）の確立 ○自立支援を指向する在宅サービスの評価 ○施設サービスの質の向上と適正化	▲2.3%
平成17年10月改定	○居住費（滞在費）に関連する介護報酬の見直し ○食費に関連する介護報酬の見直し ○居住費（滞在費）及び食費に関連する運営基準等の見直し	
平成18年度改定	○中重度者への支援強化 ○介護予防、リハビリテーションの推進 ○地域包括ケア、認知症ケアの確立 ○サービスの質の向上 ○医療と介護の機能分担・連携の明確化	▲0.5% [▲2.4%] ※[ ]は平成17年10月改定分を含む。
平成21年度改定	○介護従事者の人材確保・処遇改善 ○医療との連携や認知症ケアの充実 ○効率的なサービスの提供や新たなサービスの検証	3.0%
平成24年度改定	○在宅サービスの充実と施設の重点化 ○自立支援型サービスの強化と重点化 ○医療と介護の連携・機能分担 ○介護人材の確保とサービスの質の評価	1.2%
平成26年度改定	○消費税の引き上げ（8％）への対応 ・基本単位数等の引き上げ ・区分支給限度基準額の引き上げ	0.63%
平成27年度改定	○中重度の要介護者や認知症高齢者への対応の更なる強化 ○介護人材確保対策の推進 ○サービス評価の適正化と効率的なサービス提供体制の構築	▲2.27%
平成29年度改定	○介護人材の処遇改善	1.14%
平成30年度改定	○地域包括ケアシステムの推進 ○自立支援・重度化防止に資する質の高い介護サービスの実現 ○多様な人材の確保と生産性の向上 ○介護サービスの適正化・重点化を通じた制度の安定性・持続可能性の確保	0.54%

出典：社会保障審議会介護給付費分科会　資料1（第158回／平成30年1月26日）

第6章

介護の実際

Q60 自宅介護を始める前に家族で決めておくことは？

家族の役割

 脳梗塞の母が、1カ月後に退院します。自宅介護が始まる前に、家族で話し合っておいたほうがよいことはありますか？（55歳男性）

 自宅介護は、チームプレーです。まずは、介護の中心となる「主たる介護者」を決め、その人を中心に、その他の家族の役割や、介護サービスの利用法などを相談しておくとよいでしょう。

要介護者の身近にいる人が介護の中心に

　自宅での介護は、いったん始まると休みなく続き、いつ終わるのか予測することもできません。介護にかかわる家族の生活が大きくかわることになるため、できれば事前に身内が顔を合わせ、介護の進め方について話し合いをしておくとよいでしょう。

　介護を始めるにあたって最初に決めておきたいのが、介護の中心となる「主たる介護者」をだれにするのか、ということです。主たる介護者は、ケアマネジャーや医師との窓口になることも多いもの。そのため、要介護者と同居していて身近で様子を見ることができる配偶者や子どもがこの役割を担うことがほとんどです。

家族全員に役割を振り分ける

　主たる介護者を決めたら、介護サービスの利用法や、その他の家族の役割についても話し合います。具体的にどのようなサービスを利用するかは、ケアマネジャーと相談してから決めることになりますが、要介護者の状態などから予測できることもあるはずです。また、主たる介護者の希望や、家族にできること・できないことを身内で共有しておくことは、ケアプランづくりにも役立ちます。

　主たる介護者以外の家族についても、それぞれの役割を決めておきます。実際に介護が始まると見直すべき点も出てくるでしょうが、だからといって、最初からうやむやにして

しまうのはよくありません。「できることをやる」「手が空いたときに手伝う」といったあいまいな約束ではなく、「1週間おきの土曜日には親の家で世話をする」など、できるだけ具体的に役割分担をしておきます。遠方に住んでいるなどの理由で介護の手助けをしにくい家族には、金銭面での負担を担当してもらうとよいでしょう。

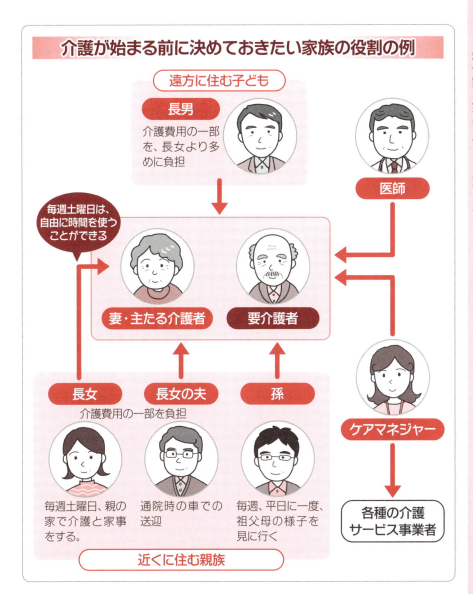

介護が始まる前に決めておきたい家族の役割の例

介護離職

Q61 同居の父の介護が大変。仕事をやめようかと迷っています

Q 独身で父と二人暮らしです。父の認知症が進み、仕事との両立が難しくなってきました。仕事をやめるべきでしょうか？（53歳男性）

A 介護に専念する生活は想像以上にハード。また、介護を終えた後の再就職も簡単ではありません。「親のため」だけではなく、自分の心身や将来の暮らしを守ることも考えたうえで決断しましょう。

介護で仕事をやめることにはデメリットも

家族の介護をしながら仕事を続けるのは、体力的にも精神的にもつらいものです。また、日本には「子どもが親の世話をするのは当然」といった価値観も根強く残っているため、本当は仕事をやめたくなくても、介護に専念することを選ぶ人もいます。

仕事をやめることには、要介護者を見守ることができる、時間的な制約が減る、などのメリットもありますが、さまざまなデメリットもあります。迷ったときには、デメリットも知ったうえで、仕事を続けるかどうかの決断をしましょう。

介護者自身の生活を守ることを優先するべき

仕事をやめることでいちばんわかりやすいデメリットは、収入がなくなること。生活費はもちろん、介護費用をどうまかなうのか、という問題も出てきます。また、介護が中心の生活は、決して楽ではありません。要介護者の状態によっては、介護者の生活も不規則になったり、睡眠さえ十分にとれなかったりすることもあるでしょう。要介護者とずっといっしょに過ごすことへのストレスや、社会からとり残されたような孤独感に苦しむ人も少なくありません。

さらに、介護はいつまで続くかわかりません。長期の介護を終えて再就職をしようとした場合、働いていない期間が長く、年齢が高くなるほど条件は悪くなりがちです。そして、収入が減ることは、将来の年金受給額が減ることにもつながります。

介護を終えた後も、自分と家族の人生は続きます。仕事をやめるかどうかは、介護者自身の暮らしを守ることを考えたうえで、冷静に判断するべきでしょう。

介護で仕事をやめることのメリットとデメリット

メリット
- 要介護者を近くで見守れるので、安心感が増す
- 時間的な制約が減り、要介護者のペースに合わせて生活できる

デメリット
- 収入がなくなる
- 生活リズムが乱れ、疲労がたまる
- 要介護者とずっといっしょに過ごすことでストレスがたまる
- 社会とのつながりが薄くなる
- 身内からの手助けが得にくくなる

介護を終えた後
- 再就職が難しくなる
- 以前の仕事にくらべて、収入や待遇が悪くなることが多い
- 将来の年金額が減る

Q62

介護離職

自宅介護をしながら仕事を続ける方法は？

Q 母の介護のために会社を休む日が増え、会社での居心地が悪くなっています。今の会社で働き続けるよい方法はありますか？（52歳女性）

A 有給休暇とは別に、家族を介護しながら働く人を支援するために国が定めている休業・休暇制度があります。すべての会社員が利用できるので、会社の担当部署などに相談してみましょう。

介護と仕事の両立のための国の制度を利用

介護を始めると、家族の付き添いが求められたり、急なトラブルが起こったりすることも珍しくありません。会社を頻繁に休んだり、遅刻・早退が増えたりすることも、退職を考える理由のひとつでしょう。ただし会社員には、介護と仕事の両立を図るための支援制度があり、条件を満たせば、休暇や勤務時間の短縮が可能になります。これは、「育児・介護休業法」で認められた権利で、企業の規模などを問わずに適用されるもの。法律で定められているのは最低基準であるため、より手厚い制度が設けられている企業もあります。全企業に適用される国の制度なので、会社の就業規則に記載されていなく

ても利用することができます。

ただし、介護のための休業や休暇中の給与については規定がないため、給与が支払われないこともあります。その場合は、「介護休業給付」の申請を。勤務期間等の条件を満たしていれば、一定の金額が支給されます。

上司や同僚への気配りも大切

介護と仕事を両立するためには、同僚や上司とよい関係を築いておくことも大切なポイントです。介護のための休業などは従業員に認められた権利ですが、自分が休めば、周囲の負担が増えてしまうことも事実です。できるだけ迷惑をかけないように仕事の進め方などを工夫するのはもちろん、報告や連絡をこまめに行う、フォローしてもらったときは素

直に感謝するといった気配りも忘れないようにしましょう。

育児・介護休業法による介護支援制度の例

介護休業	介護を必要とする家族1人につき、3回を上限として合計93日までの介護休業をとることができる。
介護休暇	介護を必要とする家族1人につき年に5日まで、介護などのための休暇をとることができる。 ※休暇は、半日単位での利用が可能。
所定外労働の制限	家族の介護を行う人が請求した場合、決められた労働時間をこえて仕事をさせてはいけない。請求は1回につき、1カ月以上1年以内（※）。何度でも請求することができる。
時間外労働の制限	家族の介護を行う人が請求した場合、1カ月に24時間、1年に150時間を超える時間外労働をさせてはいけない。請求は1回につき、1カ月以上1年以内（※）。何度でも請求することができる。
深夜業の制限	家族の介護を行う人が請求した場合、午後10時～午前5時の間、仕事をさせてはいけない。請求は1回につき、1カ月以上6カ月以内（※）。何度でも請求することができる。
労働時間の短縮など	企業は、家族の介護を行う人に対して①～④のいずれかを講じなければならない。介護休業とは別に、3年間で2回以上（④を除く）の利用が可能。 ①日、週、月の労働時間短縮または労働者個別の休暇等の請求制度 ②フレックスタイム制 ③時差出勤 ④介護サービス費用の助成

※開始予定日の1カ月前までに請求

 雇用期間や労働日数などが基準に満たないと、制度の利用が認められないこともある。

介護の持続

Q63

介護疲れをせずに
長く続けるポイントは？

Q 自宅に父を引き取り、介護をすることになりました。身内の介護は初めてなので、うまく続けていけるかどうか不安です。(58歳女性)

A 家族の役割は、完璧な介護をすることではなく、要介護者が安心して楽しく暮らせる環境を保つことです。ひとりでがんばろうとせず、積極的に身内や介護サービスの手を借りましょう。

プロのような介護は
できなくて当然と考える

「主たる介護者」として介護にかかわることになった場合、最も注意したいのが「がんばりすぎ」です。責任感の強い人ほど、自分ががんばらなければ、と思うもの。その結果、体調を崩したり精神的に追いつめられたりすることも少なくありません。介護者まで共倒れになるのを防ぐためには、完璧を目指さないことが大切です。

家族は介護のプロではないので、できないことがたくさんあるのが当たりまえ。すべてをひとりでこなそうとせず、できないことは他の身内に頼んだり、介護サービスを利用してプロの手を借りたりするのが正解です。同時に、主たる介護者の自由時間を確保することも忘れずに。介護から解放されてリフレッシュする時間をもつことは、もっとも有効なストレス解消法だからです。

介護保険以外の
サービスが役立つことも

身内の協力やケアプランに組み込んだサービスで補えない部分は、介護保険以外のサービスを利用することも考えましょう。各自治体では、高齢者や要介護者・要支援者向けのさまざまなサービスを提供しています（右ページの例を参照）。介護保険は適用されませんが、料金は利用しやすい額に設定されています。内容や利用条件は自治体によって異なるので、地域包括支援センターに相談してみましょう。

自治体が提供するサービスの例

サービス		費用
配食サービス （東京都新宿区の場合）	平日の昼食分として弁当を配送。	1食500円
高齢者理美容 サービス （東京都新宿区の場合）	理容師・美容師が自宅に出張し、整髪やカットを行う。	1回2000円
寝具乾燥消毒 サービス （東京都新宿区の場合）	寝具の消毒・乾燥や水洗いを行う。	かかった費用の1割
外出支援サービス （神奈川県横浜市の場合）	公共交通機関（タクシーを含む）での移動が困難な場合、専用車両による医療機関、福祉施設などへの送迎を行う。	2kmまで300円、以降1kmごとに150円増
紙おむつ支給 （埼玉県さいたま市の場合）	月6000円分までの紙おむつを支給。	月6000円を超えた分は自己負担
生活援助 （千葉県松戸市の場合）	掃除、洗濯、買い物、庭の草とりなど、軽度の生活委援助を行う。	月1回までの利用で1回100円
ごみ出しの支援 （大阪府大阪市の場合）	決められた曜日に、まとめてあるごみを回収する。	無料
安否確認・健康相談 （東京都杉並区の場合）	週に1度、希望の日時に電話をかけて安否確認をし、健康相談にも応じる。コールセンターには、看護師、保健師、介護福祉士などが常駐。	所得に応じて無料〜400円
高齢者緊急 ショートステイ （東京都新宿区の場合）	介護者の病気、けがなどで自宅介護ができない場合、有料老人ホームの居室に短期滞在できる。	1週間利用で1日3000円

※サービス内容や対象者、利用料金は自治体によって異なる。

●地方自治体以外のサービスの例

**市区町村の
社会福祉協議会**

高齢者の暮らしのサポート（東京都新宿区の場合）
買い物、掃除などの家事支援や外出の付き添い、季節家電の入れ替えなどの軽い作業の手伝い。

費用　1時間800円（内容により異なる。無償の場合もある）＋交通費等の実費。

この他、民間企業が提供するサービスもある。

介護のサポート

Q64

介護している家族を サポートする方法は？

Q 母が骨折し、同居している姉が介護をすることになりました。別居している私や弟にできることはありますか。（54歳女性）

A 介護は想像以上に大変で、ひとりでできることではありません。家族は全員、当事者であることを忘れずに。進んで介護に手を貸すのはもちろん、主たる介護者のストレスケアなどにも気を配りましょう。

主たる介護者以外も 介護の当事者

介護は「主たる介護者」を中心に行います。ただし、正しく認識しておきたいのは、「主たる介護者」とは「介護のすべてを受けもつ人」ではない、ということです。主たる介護者の本当の役割は、要介護者を身近で見守り、必要なケアを見極めたり、それを提供するための方法を決めたりすることです。野球で言えば、主たる介護者がプレイングマネジャー、その他の身内は選手です。主たる介護者に介護を任せきりにせず、全員が当事者意識をもって介護にかかわることが大切です。

介護に手を貸し 主たる介護者のストレスケアも

主たる介護者以外の家族にできることは、主に2つあります。1つめが介護に手を貸すこと。近くに住んでいるのであれば、定期的に訪問して介護を交替するのがいちばんです。その際は、自分がしたいことや得意なことをするのではなく、主たる介護者が望むことをするようにします。介護を交替している間は主たる介護者を介護や家事から完全に開放し、自由時間を楽しんでもらうようにしましょう。

2つめが、主たる介護者のストレスケアです。基本は、言葉にして感謝を伝えること。こまめに会いに行く、電話をかけるなど、介護者を気づかう姿勢を行動で示すことも大切です。また、たとえ本人がいないところであっても、介護者を批判するようなことは言わないようにします。

気になることがあるのなら主たる介護者に注文をつけるのではなく、自分で引き受けて改善するべきです。

介護の苦労は、実際にした人にしかわからないもの。「手を出さない人は口も出さない」のが鉄則です。

主たる介護者以外の身内の役割

①介護に手を貸す

・主たる介護者の負担を減らす。
・主たる介護者の自由時間を確保する。
・介護の大変さを実感する。

・主たる介護者が望むことをする。
・「気が向いたとき」「できるとき」ではなく、定期的に行う。

②主たる介護者のストレスをやわらげる&増やさない

・介護に手を貸し、主たる介護者が介護から解放される時間を持てるようにする。
・感謝の気持ちを言葉に出して伝える。
・主たる介護者を気にかけていることを、言葉や行動で伝える。
・主たる介護者の様子に気を配る。

・介護者に行き届かない点があったとしても、批判しない。
・「介護をしてあたりまえ」のような態度をとらない。

ストレスのサインの例

ストレスの現れ方は人それぞれですが、次のような様子に気づいたら注意!

- イライラしている
- 食欲不振
- 疲れている
- 眠れないと訴える
- 動くのが億劫そう
- 憂鬱そう
- マイナス思考になる

151

Q65

ひとり暮らしの親を 介護する際のポイントは?

Q 父が認知症と診断されました。まだ症状は軽く、本人はひとり暮らし を続けたがっています。家族がするべきことは?(50歳男性)

A 別居で介護を続ける基本は、こまめに連絡をとり合ったり様子を見に 行ったりすること。ケアマネジャーともきちんとコミュニケーション をとり、必要に応じて、適切な介護サービスも利用しましょう。

こまめに様子を見て 要介護者の生活を守る

親が近くに住んでいる場合は、こまめに連絡をとり合うようにします。ケアマネジャーとの窓口になるのはもちろん、本人や家の中の状況を見て、できないことや困っていることには積極的に手を貸しましょう。生活が介護一色にならないことが別居介護のメリットですが、その分、外部の手を借りるべきことも増えてきます。介護者自身の負担が大きくならないよう、介護サービスなどを適切に利用し、暮らしやすい環境を保つことを心がけましょう。

ケアマネや近所の人との コミュニケーションを

親が遠方に住んでいる場合は、親に加えて、ケアマネジャーときちんと意思の疎通をしておくことも重要です。日常的なケアは主に介護サービスに頼ることになるため、必要なケアの見極めや優先順位について、親とケアマネジャーの橋渡しをしっかり行いましょう。「毎月、第一土~日曜日」のように帰省のタイミングを決めておくと、ケアマネジャーとの面会などの予定が立てやすく、親の楽しみにもなります。

また、いざというときに手助けしてもらえるよう、近所の人ともよい関係を築いておくようにします。親やケアマネジャー、できれば近所の親しい人とも緊急時の連絡法などを共有しておき、日常の見守りを兼ねて、地方自治体や地域の社会福祉協会による安否確認サービスなどを利用すると安心です。

介護が始まると帰省の回数が増え、交通費の負担も大きくなります。遠距離介護をする人を対象とした航空会社の割引制度や、予約のタイミングなどによって運賃が割安になる鉄道会社のプランを上手に利用しましょう。

介護をする人のための航空会社の割引

●日本航空 「介護帰省割引」の場合

利用区間	要介護者と介護者の最寄り空港を結ぶ1路線
対象者	要介護者の2親等以内の親族、配偶者の兄弟姉妹の配偶者、子の配偶者の父母
申し込み方法	1　JALマイレージカードに入会 2　①介護保険証、介護認定結果通知書 　　②戸籍抄本、戸籍謄本 　　③介護者の現住所がわかる公的書類（免許証など） 3　介護帰省割引情報登録申込書に必要事項を記入 4　2、3を担当部署に郵送。または、2、3に1を添えて空港などのカウンターで手続き
料金のめやす	東京→福岡 大人普通運賃 41,100円→**介護帰省割引 26,300円**

●同様の割引制度のある他社の料金のめやす
（2017年のピーク期以外の場合）

全日本空輸	東京→福岡（片道） 大人普通運賃 41,390円→**介護割引 26,590円**
スターフライヤー	東京→福岡（片道） 大人普通運賃 36,500円→**介護割引運賃 20,900円**
ソラシドエア	東京→長崎（片道） 大人普通運賃 37,790円→**介護特別割引 23,290円**

Q66

ひとり親の介護

ひとり暮らしの親の家が
ごみ屋敷状態に！

Q 転倒して腰を傷め、要介護となった母。けが防止のため、ごみ屋敷のようになっている家を片づけたいのですが……。(55歳女性)

A 家族が片づけをする場合、自分の価値観を押し付けないように注意。不用品の処分なども親の意思を尊重しましょう。安全性や介護のしやすさだけでなく、親にとっての住みやすさを考えることも大切です。

親の家の片づけは
親の理解を得てから

高齢者が安全に暮らすためにも、室内の整理整頓は欠かせません。ただし、本人のためであっても、家族が勝手に片づけを進めてしまうのは避けましょう。最初にするべきなのは、親の理解を得ること。きちんと話し合い、納得してもらったうえで片づけにとりかかります。ものを捨てるかどうかの判断も、原則として親にしてもらうようにしましょう。

きれいに片づけるのではなく
住みやすく整える

家の片づけは、要介護者が安全に、安心して暮らせるようにするためのもの。ショールームのような美しい部屋をめざす必要はありません。

また、今の状態だけでなく、今後、要介護度が上がる可能性も考え、介護しやすい環境をつくることも大切です。

家全体がちらかっている場合、優先的に片づけたいのが、ベッドの周辺とトイレ、浴室です。まずは転倒などの原因となる余分なものを片づけましょう。できるだけ広い空間をつくっておくことは、介助する場合の動きやすさにもつながります。さらに、要介護者の体の状態や環境に合わせて、手すりなども設置しましょう。

寝室やリビングなど、要介護者が長い時間を過ごす部屋は、本人にとっての居心地のよさも重視します。「危ないから」と何から何までしまい込んだり大幅な模様替えをしたりすると、ものの置き場がわからなく

なって混乱したり、ストレスを感じたりすることもあります。親の暮らし方や好みを尊重し、よく話し合ったうえで室内を整えましょう。

片づける際のポイント

浴室
・不要なものを置かない
・必要なところに手すりをつける
・洗い場と浴槽の底に、滑り止めマットを敷く

トイレ
・不要なものを置かない
・必要なところに手すりをつける
・トイレ用のマットは敷かない
・予備のトイレットペーパーなどは、無理なく手が届くところに置く

ベッドの周辺
・本人の快適さと、介護者の動きやすさを考えてベッドの配置を決める
・ベッドから寝室の入り口までの通り道を確保する
・ベッド周辺の壁に額などをかけたり、棚の上にものを置いたりしない
・介護に必要なものは、ベッドの近くのとり出しやすいところにまとめておく

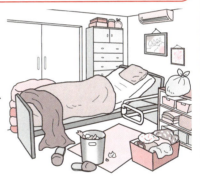

廊下
・床にものを置かない
・部屋との段差をなくす
・壁に額などをかけない
・照明のスイッチは手の届きやすいところに。足元にはフットライトもつける
・必要なところに手すりをつける

キッチン
・冷蔵庫や棚の高いところや奥のほうに古い食品類がないか確認する
・賞味期限切れの食品類を処分する
・ガスコンロの近くにふきんやタオルをかけないようにする
・日常的に使う食器類は出し入れしやすいところにまとめる

Q67

家族による医療的ケア

家族による医療的ケアはどこまで可能？

Q 父が食事を十分にとれなくなり、胃ろうの造設を提案されました。退院後も、家族中心で介護を続けられますか？（60歳男性）

A 胃ろうをつくった場合、胃につながるチューブに栄養剤をとりつけるなどのケアは家族にも認められています。訪問看護師や、一定の資格をもった介護職員などにサポートしてもらうことも可能です。

「医療的処置」については別の方法がないか医師と相談を

胃ろうなどの医療的処置は、本人にとっても苦痛や食べる喜びを奪われるなど、不利益が生じます。一度開始してしまうと一般的に外すことができなくなるため、導入時に診断した主治医やかかりつけ医と別の方法が考えられないかよく相談してください。

家族には「医療的ケア」をすることが認められている

胃ろうを造設している場合、栄養剤や薬を注入するなどのケアが日常的に必要になります。食事ができない人が栄養補給のために行う胃ろうや経鼻経管栄養、呼吸困難を防ぐためのたんの吸引などは、「医療的ケア」とされ、医師や看護師のほか、一定の知識と技能を身につけていることを認められた介護職員だけが行うことができます。

ただし例外として、本人の同意があれば、家族なら特に資格がなくても医療的ケアをすることが認められています。このほか、ストーマの排泄物の処理や、自己導尿の補助をするためのカテーテルの準備、体位の保持に関しては、一般の介護職員が行うことも可能です。

看護師の指導を受け、緊急時には医療機関へ連絡を

胃ろうなどのケアを家族が行う場合は、胃ろう造設の手術をしてから退院するまでの間に、看護師から器具の扱い方や手順、要介護者の体のケアの方法などを習います。一定

の手順に従って行わなければならないので、自宅に戻ってからも最初の数回は、訪問看護師や資格をもつ介護職員に同席してもらうようにすると安心です。経鼻経管栄養や在宅中心静脈栄養法、たんの吸引、導尿のためのカテーテルやストーマのケアなどの方法についても看護師の指導を受け、正しい方法で行いましょう。

医療的ケアを行う際は、必ず要介護者に声をかけ、了承を得ます。体調に異変が見られたり、器具にトラブルが起こったりしたときは、すぐに医療機関に連絡しましょう。

在宅で介護をする家族に認めらている医療的ケアの例

胃ろう・腸ろう
胃または腸につながったチューブに栄養剤などのパックをとりつける

経鼻経管栄養
鼻からのどへつながったチューブに栄養剤などのパックをとりつける

在宅中心静脈栄養法
静脈につながったチューブにとりつける輸液バッグを交換する

たんの吸引
吸引カテーテルを口や鼻に入れ、のどなどにたまった唾液やたんなどをとり除く

導尿のための膀胱留置カテーテル
尿道につながるチューブにつける蓄尿用のパックを交換する

ストーマ（人工肛門）
腹部にとりつけた排泄物を溜めるパックを交換する

医療的ケアが可能な介護職員とは

① 2016年1月以降の介護福祉士合格者
② 一定の研修を受け都道府県知事から「認定特定行為業務従事者認定証」を受けた介護職員

勤務する施設や事業者が、医療と介護の連携を整えた上、都道府県の登録事業者となっていることも必要！

Q68

自宅での看取り

「自宅で最期を迎えたい」という親の願いをかなえるには？

Q ほぼ寝たきりになっている母は、自宅で最期を迎えることを望んでいます。自宅で看取ることは可能なのでしょうか？ （64歳女性）

A 最期まで自宅で過ごすためには、在宅医療を受けられる環境を整える必要があります。また、病院にくらべて自宅での看取りは心身の負担が大きいもの。ケアをする家族の側にも、心の準備が必要です。

自宅での看取りは在宅医療の体制づくりから

本人が自宅での看取りを希望する場合、それにそなえたターミナルケア（終末期のケア）の体制を整えておく必要があります。大切なのは、ケアマネジャーと医師、看護師に、介護と医療の両面からかかわってもらうことです。

必ず必要なのが、24時間体制で訪問診療・訪問看護に対応してくれる医師や看護師です。かかりつけの医師が往診などに対応できない場合は、ケアマネジャーや地域包括支援センターに相談し、紹介してもらいましょう。その後、本人と家族、ケアマネジャー、医師または看護師、その他の介護スタッフなどで話し合いを行います。本人と家族の意思を確認し、在宅と病院での治療の違いなどに関する知識も共有しておきます。また、いざというとき適切に対処できるよう、家族は、終末期に見られる体調の変化について事前に聞いておくとよいでしょう。訪問診療を受けていれば、亡くなったあと、警察が介入することもありません。

精神的なケアは家族だからできること

暮らしなれたところでリラックスして過ごせることが、自宅で最期を迎えるいちばんのメリットです。それを生かすためには、苦痛の緩和などの医療的なケア以上に、精神的なケアが重要。家族や親しい人と過ごす時間をつくる、本人にとって居心地のよい環境を整えるなど、家族にできることはたくさんあります。

自宅での看取りのための準備

①本人と家族の意思を確認

本人が最期をどこで迎えたいと思っているか、家族が同意しているかを確認し合う

②ケアマネジャーに伝える

自宅でのターミナルケアを希望していることを伝える

③医療ケアの体制を整える

24時間体制で、訪問診療や訪問看護に対応してくれる医師と看護師を探す

> ケアマネジャーや地域包括支援センター、かかりつけ医などに紹介してもらうとよい。

④医療と介護が連携できる体制を整える

医師や看護師、ケアマネジャー、その他の介護スタッフと家族で、今後の対応について話し合う

⑤ターミナルケアについて、家族の理解を深める

・要介護者の心身の状態について、今度どのようなことが予想されるか、具体的に聞いておく

> 自宅での看取りを希望していても、いざとなるとあわてて救急車を呼んでしまったりするケースも！

・訪問診療でできること、できないことを、家族が正しく理解する

> 病院のように、延命目的の治療などは行わないことを再確認する。

⑥本人にとって最良のケアを続ける

医療的なケアに加え、主に家族による精神的なケアも大切

エンゼルケアと死亡診断書の費用

亡くなったあとの処置や保清などを行う「エンゼルケア」

亡くなったあとの処置、保清、死化粧（エンゼルメイク）などのケアを「エンゼルケア」といいます。病院であれば、看護師などが遺体のの清拭を行い、簡単な死化粧を施してくれる場合もあります。よくあるのは、病院で処置の一部を行い、死化粧などは自宅に戻って葬儀社といっしょに家族が行うケースです。

自宅で在宅医療を受けながら亡くなった場合は、定期的に訪問してくれた看護師に死後の処置をお願いすることが多いようです。病院でも自宅でもエンゼルケアは、医療保険や介護保険によるサービスは利用できないのですべて自費サービスになります。費用は医療機関によって違いますが、材料費を含めて5000～15000円程度が多いようです。また、葬儀社に依頼する場合は、亡くなった人を洗い清める「湯灌（ゆかん）」などのサービスを依頼することもできます。

医師に死亡診断書を書いてもらう

エンゼルケアとともに亡くなったあとに行わなくてはいけないのは、医師から「死亡診断書」をもらうことです。身近な人が亡くなったら役所に死亡届を提出しなければいけませんが、死亡届は死亡診断書と左右1枚になった書類です。法律では死亡を知ってから7日以内（海外で死亡の場合は3カ月以内）に提出しなければならないので、死亡後なるべく早く医師から死亡診断書をもらうようにしましょう。

死亡診断書の費用は、医療保険の対象にならないのでこちらも自費になります。医療機関によって金額はまちまちですが、平均では5000～10000円程度。3万円～5万円程度の額を請求する病院もあります。

また、家庭内の事故などによって死亡した場合は警察で検視が行われますが、その場合は警察医が「死体検案書」を発行します。

第7章

施設での介護

施設の種類

介護を受けながら暮らせる施設や住まいって？

Q 母の認知症が進み、自宅介護が困難に。介護を受けながら暮らせる住み替え先にはどんなところがありますか？（60歳男性）

A 介護が必要な高齢者の場合、介護サービスの利用が可能なところが住み替え先の候補になります。また、病後や持病がある場合は、適切な医療ケアが受けられる施設を選ぶ必要があります。

介護を受けられる住み替え先のいろいろ

心身の状態の変化や家族の事情などのために自宅での生活が難しくなった場合は、住み替えが必要になります。介護が必要な高齢者の場合、おもな住み替え先には、介護保険が適用される「介護保険施設」、または介護保険サービスを提供することができる「特定施設」が考えられます。

介護保険施設は、地方公共団体や社会福祉法人、医療法人などが運営し、特別養護老人ホーム（介護老人福祉施設）や介護老人保健施設がこれにあたり、一定の基準を満たした設備やサービスが利用しやすい料金で提供されます。

特定施設は、都道府県から指定（地域密着型は市区町村）をうけた事業者が運営する民間施設で、介護保険が適用される「特定施設入居者生活介護」を提供することができます。介護付き有料老人ホーム、サービス付き高齢者向け住宅（サ高住）、軽費老人ホームの一種であるケアハウスなどがあります。

また、認知症の人は、認知症高齢者グループホーム（地域密着型サービス）への入居も可能です。

心身の状態や資金面を考えて選ぶ

住み替え先は、本人に合ったところを選ぶことが大切です。施設や住まいのタイプによって、入居の条件や入居後の暮らし方が異なります。現在の心身の状態はもちろん、将来的に要介護度が上がったり病気をしたりする可能性も考えたうえで、住

み替え先を決めましょう。また、介護保険施設は利用料金に基準がありますが、民間の施設は、介護保険適用外の費用に関しては基準が定められてありません。各施設で、独自の費用が設定されているので、一般的には高額になります。資金計画は十分に余裕をもって立てましょう。

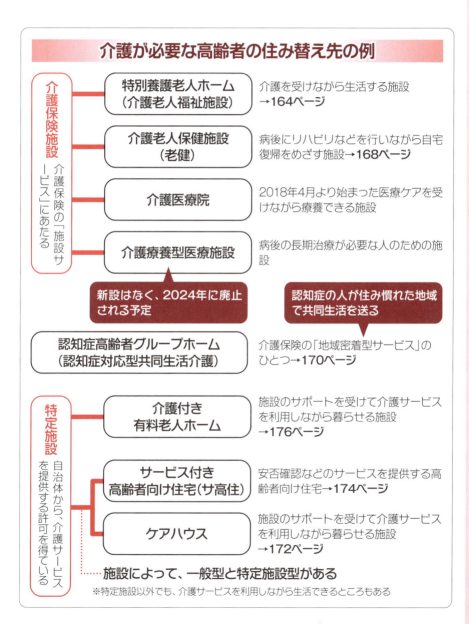

特養

Q70

特別養護老人ホームってどんな施設？

Q 父の住み替えを考えています。特別養護老人ホームとはどのような施設で、どの程度の費用がかかるのですか？（55歳女性）

A 特別養護老人ホームは、日常的に介護が必要な人のための生活の場。専門家の支援を受けながら、家庭的な雰囲気の中で暮らすことができます。利用料金は、要介護度に応じて設定されています。

原則、要介護3以上の人が対象ユニット型個室が増えている

特別養護老人ホーム（介護保険制度上は介護老人福祉施設とも呼ばれる）は、介護を必要とする人が、ケアプランに基づいて必要なケアを受けながら暮らす「生活の場」です。入所の条件は、原則として、要介護3以上であること。要介護1、2では、認知症や知的障害、精神障害によって日常生活に支障をきたすような症状が頻繁に見られる、家族の援助が期待できずに十分な介護が受けられない、虐待などにより心身の安全・安心が得られない、などの「特例」に当てはまる場合に限って入所が認められます。

居室のタイプには、従来型個室、多床室、ユニット型個室・ユニット型個室的多床室（室内を間仕切りなどで区切ったもの）があります。ユニット型とは、10人程度を1グループとし、個室で生活しながら、リビングや食堂などを共用するスタイル。2001年以降に新設された施設はすべてユニット型です。

費用が安く要介護度が上がっても安心

特別養護老人ホームのいちばんのメリットは、費用の安さです。入居一時金はかからず、月々の施設介護サービス費にも介護保険が適用されます。居住費や食費などは自己負担ですが、所得段階による負担上限額があるので有料老人ホームなどとくらべると低料金になります。

また、要介護度が上がったり認知症が進んだりしたことを理由に退去

を求められることはないので、安心して住み続けることができるのもよい点です。ただし、医療的ケア（156ページ参照）に含まれないケアや病気の治療を受ける場合は、通院または入院が必要です。

特別養護老人ホームの利用料金のめやす

●介護サービス費のめやす

要介護度	従来型個室・多床室	ユニット型個室・ユニット型個室的多床室
要介護1	557円／日	636円／日
要介護2	625円／日	703円／日
要介護3	695円／日	776円／日
要介護4	763円／日	843円／日
要介護5	829円／日	910円／日

※利用者は原則、要介護3以上

●介護保険が適用されるその他の費用の例

初期加算（入居日から30日間）	30円／日
個別機能訓練（リハビリ）	12円／日
栄養マネジメント	14円／日
認知症専門ケア	3円〜4円／日
褥瘡マネジメント加算（3カ月に1回を限度）	10円／月
排せつ支援加算	100円／月

特養

Q71

特別養護老人ホームへの申し込みは早めにするべき？

Q 父が要介護3に。この先、自宅介護が難しくなるかもしれないので、特養に申し込んでおこうかと思うのですが……。(55歳女性)

A 特別養護老人ホームは、必要性が高い人から優先的に入所が認められます。早く申し込んだからといって、有利になるわけではありません。申し込みが可能な状態かどうかケアマネジャーに相談しましょう。

居住地以外の施設＋複数の申し込みが可能

特別養護老人ホームへの入所を希望する場合は、市区町村が発行する申込書などに必要事項を記入し、施設または市区町村が指定する窓口に提出します。居住地以外の施設への入所も可能で、同時に複数の施設に申し込むことができます。

特別養護老人ホームのデメリットのひとつが、入所希望者が多いために待機期間が長くなりがちなこと。場合によっては、数年待ちになることも珍しくありません。自宅での介護を続けるのが難しい場合、特別養護老人ホームに空きが出るまでの間、いったん別の施設に入居する人もいます。

優先度が高い人から順に入所が認められる

特別養護老人ホームへの入所は、申し込み順に認められるわけではありません。福祉施設であるため、必要性が高い人から優先的に入所できることが求められているからです。自治体では定期的に会議を行い、申込書などの記載内容をもとに入所希望者の優先度を判定します。そして空室が出ると、施設の特性などを考慮したうえで、優先度の高い人から順に入所候補者となります。

判定基準は自治体によって異なりますが、おもに要介護度の高さや身近な介護者の有無、介護者の状況、介護保険サービスの利用状況などによって優先度が決められます。また、介護者が体調をくずす、入居中の施

設から退去を求められる、といった状況の変化があった場合は、申し込み後であっても施設に連絡をしましょう。緊急性が認められた場合、特別な対応をしてもらえることもあります。

特別養護老人ホームの入所申し込み時に提出する書類の例

第1号様式（表）

特別養護老人ホーム入所申込書

（ 新規 ・ 変更 ）

受付施設
受付者氏名

特別養護老人ホーム施設長　　様　　　　　申込日　平成 ◯ 年 ◯ 月 ◯ 日

申込者	フリガナ 氏　名	木下　幸子	続　柄	長女
	住　　所	〒000-0000　◯◯市東町1丁目2番地4		
	電　　話	000-000-0000		
上記以外の連絡先	氏名 介護　一郎　　　続柄　長男　電話000-000-0000 住所 ◯◯◯◯◯◯◯◯◯◯◯◯◯			

※　電話番号は日中連絡が取れるところを記入してください。

※　第1次評価結果のお知らせを入所希望者の住民票の住所に郵送します。

それ以外の場所に郵送する場合には下記に記入してください。

（郵送先）　氏　名　　　　　　　　　続柄　　　　　電話

住　所　〒

介護度は原則「3」以上

入所希望者	介護保険 被保険者番号	1000123456	有効期限	平成 ◯ 年 ◯ 月 ◯ 日
	フリガナ	カイゴ　ハナコ	要介護度	1・2・3・④・5
	氏　名	介護　花子	性　別	男　・　女
	生年月日	明・大・昭　6 年　5 月 10 日　（　88　）歳		
	住民票住所	◯◯市東町1丁目2番地3　（区内居住年数 50 年）		

本人の居所	☑自宅		
	□病院	【病院・施設名】	
	□介護老人保健施設		
	□介護療養型医療施設	【入院・入所期間】　　平成　　年　　月から	
	□グループホーム	【住所】	
	□ケアハウス		
	□その他（　　　　）	【電話番号】	

施設などに入居している場合

同意書	私は、特別養護老人ホーム入所申込みにあたり、受付施設がこの申込みに関する情報を杉並区担当課及び入所希望施設に対し提供することに同意します。また、担当課及び入所希望施設が介護保険要介護認定調査票等の情報を介護保険課より提供を受けることに同意します。
	本人署名 介護　花子　　　　　代筆者氏名　　　　　　　　（関係）

（本人が記入できない場合は、代筆者が両方お書き下さい。）

◎裏面もご記入ください

Q72 介護老人保健施設と特別養護老人ホームの違いは？

老健

 母は脳梗塞で入院中ですが、退院後に老健への入所を勧められました。特別養護老人ホームとはどう違うのですか？（60歳女性）

 介護老人保健施設は、「病院での治療を終えたけれど、自宅での暮らしはまだ難しい」という人が入所する施設です。数カ月後に自宅に戻ることを前提に、リハビリテーションなどを行います。

病後に自宅復帰をめざす施設。入所期間が決められている

　介護老人保健施設（老健）は、要介護認定を受け、入院治療を終えた人のための施設です。入院が必要な治療を終え、病状が安定している人が入所し、必要なケアを受けながら自宅に戻るためのリハビリテーションを行います。

　入所を希望する人は、各施設が指定する申込書や添付書類を提出します。本人との面接などを行い、判定会議で入所の可否が決められます。自宅に戻ることが目的であるため、原則として、入所期間は3～6カ月。実際には6カ月以上入所している人も少なくありませんが、特別養護老人ホームのような終身利用はできないので、退去後の暮らし方について

も考えておく必要があります。

医療的な処置は施設内で行い介護保険が適用される

　介護老人保健施設の居室には、特別養護老人ホームと同様、従来型個室、多床室、ユニット型個室・ユニット型個室的多床室などがあり、部屋・施設のタイプや要介護度によって利用料金が異なります。ユニット型個室で1日あたりの料金は、884円～958円（要介護3・1割負担の場合）。この金額に各種の加算を加え、介護部分の自己負担額が計算されます。さらに居住費や食費などをプラスします。

　介護老人保健施設には医師や看護師が常駐しているため、医療的な処置を受けることも可能。原則として入所中の診察や治療は施設内で

対応することとなっており、その医療費には、医療保険が使える治療と使えないものがあり、使えるものは老健が全額負担します。肺炎、帯状疱疹、尿路感染症の3つの疾患は医療保険が適用されます。

介護老人保健施設の入所申し込み時に提出する書類の例

介護老人保健施設　共通申込書　1 / 3

・通所リハビリ
・短期入所　・入所
（当てはまるものに〇を記入）

施設名　ver.1
（　　　　　　　　）御中
記入日：平成　年　月　日
記入者：

利用者	フリガナ	カイゴ　ハナコ		男・**女**	明治・大正・**昭和** 6 年 5 月10日生まれ（満 88 歳）
	氏名	介護　花子			
	住所	〒 000 -0000　〇〇市東町1丁目2番地3			
	TEL	（ 000 ） 000 - 0000			
	現在の居場所	☑自宅 □病院（　　　病院） □老健（　　　） □その他（　　　）			
	現在のかかりつけ医	東町病院　病院　　高橋正夫　医師			
	病名・既往歴（分かれば）	脳こうそく			
	健康保険	☑後期高齢者医療 □生活保護（担当ワーカー名　　　） □その他（　　　）			
	身体障害者手帳	☑無 □有（　種　級　（障害名：　　　）			
	精神障害者保健福祉手帳	☑無 □有（　　級　）			
	介護保険負担限度額認定証	☑無 □申請中 □有（・第1段階 ・第2段階 ・第3段階） 年金額　　円/月			
	介護保険（〇をつける）	・要介護 1・2 ③ 4・5　・要支援 1・2 ・申請中 ・区分変更中	被保険者番号 1000 - 123456　認定日 平成〇 年〇月〇日（※区分変更の場合はその申請日を記入）　有効期間 平成〇 年〇月〇日 ～ 平成〇 年〇月〇日			
	居宅介護支援事業所名	東町居宅サービス	担当ケアマネ　山口恵子		
	TEL	（ 000 ） 000 - 0000	FAX （　　　）		

身元引受人	フリガナ	キノシタ　サチコ	男・**女**	年齢 52	続柄 長女	職業 公務員
	氏名	木下　幸子				
	住所	〒 000 -0000　〇〇市東町1丁目2番地4				
	TEL	（ 000 ） 000 - 0000	携帯 000 - 0000 - 0000			

※この共通申込書は、別紙の「日常生活動作（ADL）確認表」とセットになっています。　　一般社団法人京都府介護老人保健施設協会

Q73

「グループホーム」ってどんな施設ですか?

Q 母は認知症があり、要介護2の認定を受けています。認知症であれば「グループホーム」に入居することはできるのですか? (60歳女性)

A 認知症高齢者グループホームは、認知症の高齢者のための施設です。ただし、認知症以外の病気の有無や認知症に関連する症状などによっては、施設での共同生活が難しいとみなされることもあります。

認知症のある高齢者が共同生活を送る

認知症高齢者グループホームとは、認知症のある人がスタッフのサポートを受けながら共同生活を送る場です。利用できるのは、要支援2または要介護1以上で、認知症と診断された高齢者です。ただし、介護保険の「地域密着型サービス」に位置付けられているため、入居の申し込みができるのは、居住している市区町村内の施設に限られます。

介助・介護や生活支援のためのスタッフは常駐していますが、日常的な家事や身の回りのことに関しては、可能な範囲で入居者自身が行います。それぞれが役割をもって生活することで、認知機能の維持・向上が期待できます。また、家庭的な雰囲気の中で生活することは、入居者の精神的な安定にもつながります。

病気や認知症の進行を理由に退去を求められることも

入居を希望する人は、各施設が指定する申込書や添付書類を提出します。その後、本人や家族と施設スタッフとの面談などを行い、各施設が入居者を決定します。

施設は9人以下を1グループとするユニット型で、居室は、原則として個室です。1日あたりの料金は要介護2の質問者の場合、795円(1割負担の場合。定員が2ユニット以上の施設は782円)。この金額に、各種の加算を加えたのが、介護部分の自己負担額。それに居住費や食費などを足した金額が利用料になります。

認知症高齢者グループホームには

医師や看護師の配置が義務づけられていないため、日常的に病気の治療が必要になると住み続けるのが難しくなります。また、認知症が進行し、暴力や暴言が見られるなど、共同生活が難しい状態になった場合も、退去を求められる可能性があります。対応は施設によって異なるので、入居前に確認しておくと安心です。

Q74

ケアハウス

「ケアハウス」でも
介護を受けられますか？

Q 有料老人ホームよりも低額で利用できる「ケアハウス」とは、どんな施設？　介護を受けながら暮らすことはできますか？（58歳男性）

A ケアハウスは、社会福祉法人などが運営する福祉施設。利用料金は施設によって異なりますが、利用者や世帯の所得が考慮されます。要介護者なら、特定施設に指定されているところを選ぶと安心です。

介護が必要な人に
限定した「介護型」も

　ケアハウスは、60歳以上で体の機能の低下や自立した生活への不安がある人のための「軽費老人ホーム」の一種。軽費老人ホームにはA・B・Cの3タイプがありますが、要介護者を受け入れていないA型とB型は新設されていないため、今後は「ケアハウス」と呼ばれるC型が増えていく見込みです。

　ケアハウスは、「一般型」と「特定施設」に分けられます。一般型は自立した人向けの住居。介護を受けながら住み続けることもできますが、自宅で暮らしているときと同様、個人でケアマネジャーと契約し、利用したサービスごとに料金を支払う必要があります。また、要介護度が上

がると退去を求められることもあります。

　特定施設は、都道府県から「特定施設入居者生活介護」の指定を受けており、月額費用には、介護サービス費が含まれています。

利用料金は
施設によって異なる

　一般型は60歳以上（夫婦の場合はどちらかが60歳以上）、特定施設は65歳以上で介護保険の認定を受けていることが入居の条件です。入居の希望は全国の施設に出すことができますが、所在地の市区町村の居住者が優先される場合もあります。

　入居希望者は、各施設が指定する申込書に添付書類などを添えて施設に直接申し込みます。利用料金は施設ごとに異なり、本人や世帯の所

得と要介護度（介護付きの場合）に応じて設定されています。また、多くの施設で入居時に保証金が必要です。ただし、都市圏につくられはじめた「都市型ケアハウス」（居室面積が狭く、配置される人員も少ないタイプの施設）では、保証金は不要です。

介護型ケアハウスの申込書の例

○○ケアハウス　入居申込書

申込日　平成　　年　　月　　日

○○ケアハウス
管理者　吉澤　智子　様

申込者　木下　幸子　㊞
（入居希望者との続柄　長女　）

貴施設に入居したいので、下記のとおり申し込みします。

ふりがな	カ　イ　ゴ　　　ハ　ナ　コ		
入居希望者 氏　名	介護　花子	性　別	男・⊛
生年月日	明治・大正・⊛昭和　6　年　5　月　10　日　（　88　歳）		
現住所	〒（　000　-　0000　）☎（　000　）000　-　0000 ○○市東町1丁目2番地3　　　　　　　　≪独居・家族同居≫		
住宅状況	✓一戸建て（本人所有・家族所有）□アパート　□借家		
入居希望者の収入状況	年金・恩給	（　○○　）恩給・年金　年額　　25万　円 （　　　　）恩給・年金　年額　　　　　円 （　　　　）恩給・年金　年額　　　　　円	
	その他の収入	不動産・その他（　　　　　）年額　　　　円	

身元引受人 （予定者）		第一身元引受人	第二身元引受人
	氏　名	木下幸子 （続柄　長女　）	介護一郎 （続柄　長男　）
	住　所	〒（000-0000） ○○市東町1丁目2番地4	〒（000-0000） ○○市北町1丁目1番地3
	連絡先	（　000　）000-0000	（　000　）000-0000

介護	要介護度	未申請　・　非該当　・　要支援　　　　・　要介護　　3	
	現在の在宅サービス	デイサービス（事業所名　デイサービス○○　　　　）	
		ホームヘルプサービス（事業所名　○○訪問サービス　）	
		福祉用具レンタル（　　　　　　　　　　　　　　　　）	
		その他（　　　　　　　　　　　　　　　　　　　　　）	
		居宅介護支援事業所（　東町居宅サービス　　　　　　）	

173

Q75

「サ高住」ではどんな暮らしができますか？

サービス付き高齢者向け住宅

Q 父が亡くなり、要介護1の母の住み替えを考えています。要介護でも暮らせるなら、サ高住も検討したいのですが……。（53歳男性）

A サ高住は、原則として介護施設ではなく住宅で、提供されるのは介護サービスではありません。ただし、「特定施設」の指定を受けているところであれば、介護を受けながら生活していくことが可能です。

安否確認などのサービスが提供される高齢者用の住宅

「サービス付き高齢者向け住宅（サ高住）」とは、国が定める一定の基準を満たす高齢者のための賃貸住宅です。バリアフリー構造など、高齢者が暮らしやすいつくりになっていることに加え、安否確認と生活相談のサービスを利用することができます。入居の条件は、60歳以上であること。夫婦で入居する場合は、どちらか1人が60歳以上であれば認められます。また、60歳以上の親族であれば、配偶者以外と同居することもできます（入居者が要介護・要支援認定を受けている場合に限り、同居者は60歳未満でもよい）。

また、「特定施設」の指定を受けているサービス付き高齢者向け住宅

であれば、ケアプランの作成から実際の介護サービスの利用まで、施設に所属するスタッフのサポートを受けることができます。特定施設以外でも介護を受けながら暮らすことは可能ですが、ケアマネジャーとの契約から利用するサービスの手配まで自分で行わなければなりません。

月々にかかる費用は物件によってさまざま

入居を希望する場合は、国が情報を提供するインターネット上のサイト（※）や、紹介センターなどで情報を集め、それぞれの運営事業者などに問い合わせや申し込みをします。入居時には敷金（保証金）が必要なところが多くなっていますが、一般的な賃貸住宅で慣例化している「礼金」は必要ありません。

※サービス付き高齢者向け住宅情報システム（国の情報提供サービス）　https://www.satsuki-jutaku.jp/

特定施設の場合、介護サービス費は一定（1割負担の場合1日あたり180〜800円、要介護度によって異なる）ですが、家賃や管理費、提供されるサービスの費用などは物件によって異なります。特定施設以外では、介護サービス費も利用状況に応じて変わります。

サービス付き高齢者向け住宅のイメージ

住まい
高齢者単身・夫婦世帯など

+

安心のための必須サービス
・状態把握（見守り）サービス
・生活相談サービス

生活支援サービス（オプション）
・食事の提供　　・清掃・洗濯などの家事援助
・健康の相談・増進など

介護保険サービス
入居者の要介護状態や判断によって必要なサービスを選ぶ

「サービス付き高齢者向け住宅」の登録基準

規模や設備は?

①各専用部分の床面積は、原則25m²以上
　ただし、居間、食堂、台所そのほかの住宅の部分が高齢者が共同して利用するため十分な面積を有する場合は18m²以上

②各専用部分に、台所、水洗便所、収納設備、洗面設備、浴室を備えたものであること
　ただし、共用部分に共同して利用するため適切な台所、収納設備または浴室を備えることにより、各戸に備える場合と同等以上の居住環境が確保される場合は、各戸に台所、収納設備または浴室を備えずとも可

③バリアフリー構造であること

サービスは?

ケアの専門家（※）が少なくとも日中建物に常駐し、状態把握（見守り）サービスと生活相談サービスを提供します。

※ケアの専門家　●養成研修修了者　●社会福祉法人・医療法人・指定居宅サービス事業所等の職員
●医師　●看護師　●准看護師　●介護福祉士　●社会福祉士　●介護支援専門員

※一般財団法人サービス付き高齢者向け住宅協会HPより

第7章　施設での介護 ● 「サ高住」ではどんな暮らしができますか?

175

Q76 要介護でも、有料老人ホームへの入居は可能ですか？

有料老人ホーム

Q 母が有料老人ホームへの住み替えを希望しています。認知症があり、要介護2と認定されているのですが、入居は可能？（60歳男性）

A 有料老人ホームには、要介護者を受け入れるところも多くあります。認知症が進んだり、持病が悪化したりした場合に備えるなら、「特定施設」に指定されている介護付き有料老人ホームを選ぶと安心です。

有料老人ホームには3つのタイプがある

有料老人ホームは、自立して生活できる人だけを対象とした「健康型」、介護スタッフが常駐していない「住宅型」、介護を受けながら暮らすことを前提とした「介護付き」の3種類に分けられます。要介護でも入居が可能なのは、住宅型と介護付きです。

住宅型では、ケアマネジャーとの契約から介護サービスの手配まで、すべて本人や家族が行わなければなりません。介護サービス費も、サービスの利用状況に応じて変わってきます。これに対して、介護付きは「特定施設」の指定を受けているため、介護・医療スタッフやケアマネジャーが所属しています。ケアプランづくりから実際の介護まで、多くの面でスタッフのサポートを受けられます。

介護サービスの受け方や費用を確認しておく

多くの介護付き有料老人ホームでは、ケアプランの作成から実際の介護まで、すべてホームのスタッフが行います。1日あたりの介護サービス費は一定（1割負担の場合1日あたり180〜800円、要介護度によって異なる）ですが、利用できるのは、入居した施設で提供している介護サービスに限られます。

また、数は多くありませんが、ケアプランの作成までをホームが行い、介護サービスの提供は外部の事業者に委託している介護付き有料老人ホームもあります。この場合は、利

用するサービスを自由に選ぶことができますが、サービスの利用状況に応じて費用を支払う必要があります。

システムによって、サービスの質や費用が変わってくるので、入居前にきちんと確認しておきましょう。

要介護で入居できる有料老人ホーム

種類	住宅型有料老人ホーム	介護付き有料老人ホーム
介護や医療を提供するスタッフ	所属していない	所属している
ケアマネジャー	所属していない	所属している
介護サービスの利用法	本人や家族がケアマネジャーと契約してケアプランを作成し、介護サービスを利用。それぞれのサービス事業者に、利用した分の費用を支払う	ケアプランづくりから実際の介護まで、すべてホームのスタッフが行う
メリット	・利用する介護サービスを自由に選ぶことができる	・1日あたりの介護サービス費が一定 ・ちょっとした介助などもスタッフに頼むことができる
デメリット	・多くの介護サービスを利用すると、介護保険の支給限度額を超えてしまうことがある ・ちょっとした介助などをスタッフに頼むことができない ・要介護度が高くなると、住み続けるのが難しくなることがある	・ケアプランの内容やサービスの提供が、ホーム側主導になってしまうことがある ・通所介護（デイサービス）や訪問看護を希望する場合、介護保険が適用されない

※外部サービス利用型の介護付き有料老人ホームでは、ホームのケアマネジャーがケアプランを作成し、外部の事業者がサービスを提供する

Q77

住み替えの流れ

住み替え先を選ぶ際の基本的な流れを知りたい！

Q 母の住み替え先を決めなければならないのですが、何から手をつければよいのかわからず、とまどっています。（62歳女性）

A 高齢者の住み替え先選びには、心身の状態や経済状態などもかかわってきます。同時に、本人が居心地よく暮らせることも重要です。トラブルを防ぐため、契約前には見学や体験入居を行いましょう。

本人の希望をもとに
住み替え先のタイプを決める

　自宅からの住み替えを考える際、もっとも重要なのは本人の意思です。まずは、住み替えに同意するか、どこでどんな暮らしをしたいかなどをきちんと聞きましょう。本人と家族の希望が合わない場合は十分に話し合い、お互いに納得できる落としどころを探ります。次に、本人の心身の状態などに応じて施設や住居のタイプを決め、おおよその資金計画も立てましょう（180ページ参照）。

気に入ったところは
見学＆体験入居を

　住み替え先のタイプを決めたら、情報を集めます。介護保険施設であれば、まずはケアマネジャーに相談を。自分で情報を集める場合は、市区町村役場の窓口やインターネットなどが役立ちます。

　介護保険施設以外の場合は、インターネットや雑誌、紹介センターなどを利用して情報収集をするとよいでしょう。この段階では、少しでもよさそうだと思ったところを多めにピックアップし、それぞれから資料を取り寄せます。資料請求をする際は、パンフレットだけだと情報が不足しがちなので、「重要事項説明書」も同封してもらうとよいでしょう。

　集めた資料にはすべて目を通し、比較検討して入居先の希望をいくつかに絞り込みます。その後、各施設に連絡し、本人と家族がいっしょに見学に行きます。見学をしてみて気に入ったところがあれば、事前に体験入居をしてみるのが理想です。介

護保険施設の場合は、ショートステイを利用するとよいでしょう。実際に何日か暮らし、雰囲気や暮らしやすさなどをチェックしたうえで入居を申し込みます。契約時には重要事項説明書にあらためて目を通し、疑問点は担当者に確認しましょう。

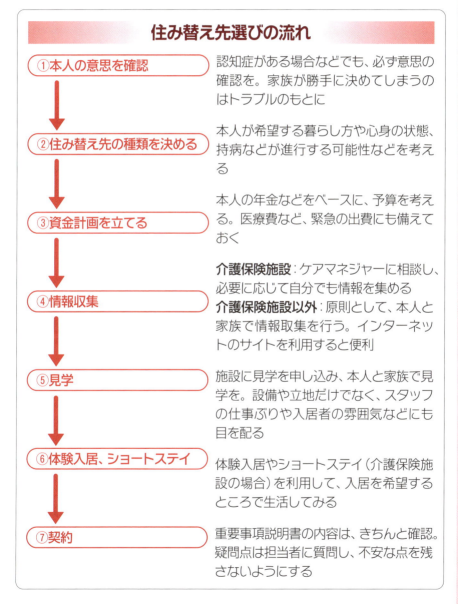

住み替え先選びの流れ

①本人の意思を確認
認知症がある場合などでも、必ず意思の確認を。家族が勝手に決めてしまうのはトラブルのもとに

②住み替え先の種類を決める
本人が希望する暮らし方や心身の状態、持病などが進行する可能性などを考える

③資金計画を立てる
本人の年金などをベースに、予算を考える。医療費など、緊急の出費にも備えておく

④情報収集
介護保険施設：ケアマネジャーに相談し、必要に応じて自分でも情報を集める
介護保険施設以外：原則として、本人と家族で情報取集を行う。インターネットのサイトを利用すると便利

⑤見学
施設に見学を申し込み、本人と家族で見学を。設備や立地だけでなく、スタッフの仕事ぶりや入居者の雰囲気などにも目を配る

⑥体験入居、ショートステイ
体験入居やショートステイ（介護保険施設の場合）を利用して、入居を希望するところで生活してみる

⑦契約
重要事項説明書の内容は、きちんと確認。疑問点は担当者に質問し、不安な点を残さないようにする

Q78

住み替えの費用

住み替え後の生活には どんな費用が必要ですか?

Q 介護施設などに毎月支払う利用料金には、何が含まれているのですか? また「入居一時金」は何のための費用ですか? （66歳男性）

A 毎月支払う料金は、家賃や食費、介護サービス費などの合計額です。入居一時金は、家賃の一部を前払いしているイメージ。入居先が介護保険施設の場合、入居一時金（保証金）や敷金は必要ありません。

入居一時金などの 役割とは

　住み替えにかかるお金は、契約時にまとめて支払う「初期費用」と、1カ月ごとに支払う「月額費用」に分けることができます。

　初期費用には、想定される居住期間の家賃などにあてられる入居一時金や保証金、原則として退去時に返還される敷金などがあります。金額は、施設や住居によってさまざま。入居一時金や保証金の場合、居住年数に応じて、退去時に規定の金額が返還されることもあります。介護保険施設では、初期費用は必要ありません。

　介護保険施設以外でも初期費用がかからないところもありますが、その分、月額費用が高めに設定され

ていることがほとんどです。初期費用の有無だけでなく、月額費用とのバランスを見て、実際に支払う総額を想定しておくことが大切です。

月額費用に含まれるもの

　月額費用は、居住費（家賃）、管理費、食費、水道光熱費、生活支援サービス費などを合計したもの（施設によって異なる）。「特定施設」の場合、要介護度に応じた介護サービス費の自己負担分も月額費用に含まれます。

　このほか、日用品費や理美容代など、利用状況に応じて施設に実費を支払うものも。医療費、趣味・交際費など、個人的に使うためのお金も必要です。介護保険施設以外では、原則としておむつ代も月額費用には

180

含まれません。また、特定施設以外で介護サービスを利用した場合は、各サービス事業者に介護サービス費の自己負担分を支払います。

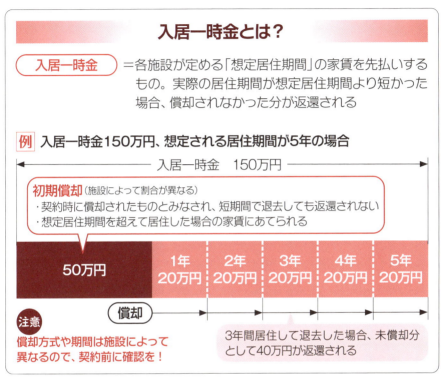

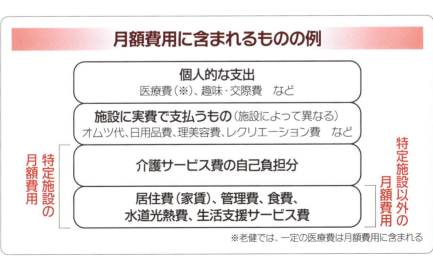

Q79

住み替え先から退去を求められることはある？

退去を求められたら

Q 介護施設や高齢者向けの住宅などに住み替えた場合、住み替え先から退去を求められるのは、どんなときですか？（64歳女性）

A 特別養護老人ホームや、「特定施設」に指定されている施設は、原則として要介護度が上がっても住み続けることが可能です。ただし、認知症の進行や長期入院などを理由に退去を求められることもあります。

要介護度が上がっても特養や特定施設なら安心

住み替え先を選ぶ際に必ず確認しておきたいことのひとつが、退去を求められる可能性の有無です。住み替え先によっては、入居することはできても、要介護度が上がったり持病や認知症の進行が見られたりした場合、住み続けるのが難しくなることもあるからです。

原則として一定期間の入居しか認められていないのが、介護老人保健施設。原則３カ月（入退所判定会議によって延長可）で退去しなければならないため、その後、どこに住むかを考えておく必要があります。また、認知症高齢者グループホームでは、認知症が進んで共同生活が難しくなると退去を求められることがあ

ります。

特別養護老人ホームや、ケアハウス、サービス付き高齢者向け住宅、有料老人ホームのうち「特定施設」に指定されているところは、要介護度が上がっても住み続けることが可能です。特定施設以外でも介護サービスを利用しながら暮らすことはできますが、医療や介護スタッフが常駐していないことが多いため、要介護度が上がると住み続けるのが難しくなることもあります。

認知症への対応は施設によって異なることも

ケアハウス、サービス付き高齢者向け住宅、有料老人ホームは、認知症の人の受け入れ態勢が施設によって異なります。入居が可能でも症状が進むと退去を求められる可能性が

あるので、気になる場合は、これまでに退去した人の人数や具体的な理由などを事前に確認しておきましょう。

認知症以外でも、医療的な処置の必要性が増したり、長期入院が必要になったりすることが退去の理由になることもあります。有料老人ホームの場合、要介護度が上がると、介護用の居室に移動を求められることもあります。

このほかの退去を求められる理由としては、費用の滞納があります。有料老人ホームなどの契約解除事案に費用の滞納があるのが一般的なので、長期間滞納したら退去を求められることがあります。

住まいの種類と退去を求められる要件

特別養護老人ホーム	要介護度が上がっても住み続けられる	
介護老人保健施設	原則として、3～6カ月で退去する	
認知症高齢者グループホーム	認知症が進んで共同生活が難しくなると、退去を求められることがある	
ケアハウス（特定施設）	要介護度が上がっても住み続けられる	
サービス付き高齢者向け住宅（特定施設）	要介護度が上がっても住み続けられる	
介護付き有料老人ホーム（特定施設）	要介護度が上がっても住み続けられるが、介護用の居室への移動を求められることがある	
ケアハウス（特定施設以外）	介護サービスを利用しながら暮らすことができるが、要介護度が上がると住みにくくなることがある	**●認知症の場合** 認知症の人の受け入れやケアの態勢は施設によって異なる。認知症の進行が退去の理由になる場合もあるので、事前に確認が必要
サービス付き高齢者向け住宅（特定施設以外）		
有料老人ホーム（特定施設以外）		

※すべての施設において、医療的な処置の必要性が増す、長期入院などは退去の理由になることがある

第7章　施設での介護 ● 住み替え先から退去を求められることはある？

183

Q80

利用料をやすくするには

年金の受給額が少ないけれど介護施設に入れますか？

Q 要介護3でひとり暮らしの兄の収入は、国民年金だけ。貯蓄もあまり多くないのですが、入居できる施設はありますか？（67歳男性）

A 収入や貯蓄が少ない人のために、施設に入居した際などの自己負担額の一部を、市区町村が負担する制度があります。制度の対象となるのは特別養護老人ホームなどの介護保険施設です。

世帯の収入などに応じて
介護保険施設の利用料を軽減

　介護保険施設（特別養護老人ホーム、介護老人保健施設、介護医療院、介護療養型医療施設）や短期入所生活・療養介護を利用する場合、入居者や世帯の所得などに応じて、自己負担額が軽減される「**特定入所者介護サービス費（補足給付）**」という制度があります。これは、本来なら介護保険の適用外で全額自己負担となる居住費（部屋代）と食費の一部が介護保険から給付されるというものです。

　対象となるのは、世帯全員が住民税非課税で、預貯金が単身者なら1000万円、夫婦なら合計2000万円以下などの人。年金の収入額などに応じて、第1段階～第3段階まで3種

の「利用者負担段階」に分類されます（126ページ参照）。

自治体から交付される
認定証を施設に提示

　制度の利用を希望する場合は、市区町村の介護保険を担当する部署に必要書類を提出し、「**介護保険負担限度額認定**」を受けます。その際に交付される認定証を施設に提示すると、施設に支払う費用のうち、居住費と食費の負担額が減免されます。

　自己負担の限度額は、本人または世帯の収入と貯蓄額、入居する施設の種類、施設で利用する居室のタイプによって異なります。たとえば特別養護老人ホームのユニット型個室に入居した場合、自己負担の基準費用額（施設における平均的な費用として国が定めている金額）は、1日

あたりの居住費が1,970円、食費が1,380円ですが、「特定入所者介護サービス費」を利用すると、居住費が820円～1,310円、食費が300円～650円（利用者負担段階に応じて異なる）になります。なお、2016年8月からは「非課税年金(遺族年金と障害年金)収入も含めて判定する」という見直しが行われています。

特定入所者介護サービス費　申請書の例

東京都中野区の場合

様式第24号(第19条関係)

介護保険負担限度額認定申請書

保険者番号　131144

平成　　年　　月　　日

中野区長あて

次のとおり関係書類を添えて、食費・居住費(滞在費)に係る負担限度額を申請します。

29年度

フリガナ			被保険者番号	0 0 0			
被保険者氏名			個人番号				
			性別	男 ・ 女			
生年月日	明 ・ 大 ・ 昭　　　年　　月　　日						
住所	〒　　　　　　　　　　　　　　電話　　－　　－						
入所(院)した介護保険施設の所在地及び名称(※)	〒　　　　　　　　　　　　　　電話　　－　　－			□ 特別養護老人ホーム □ 老人保健施設			
入所(院)年月日(※)	年　　月　　日	(※)介護保険施設に入所(院)していない場合及びショートステイを利用している場合は記入不要。		□ 療養型医療施設			

預貯金等に関する申告	□	預貯金、有価証券等の金額の合計が1000万円(夫婦は2000万円)以下です。 ※預貯金、有価証券にかかる通帳等の写しは別添のとおり					
	預貯金額		円	有価証券等 (評価概算額)	円	預貯金以外の 現金(負債を含む)	円

(1) 預貯金等については、同じ種類の預貯金等を複数所有している場合は、そのすべてを記入してください。
　　配偶者のいる方は配偶者の分と合わせた合計額を記入してください。
(2) 書ききれない場合は、余白に記入するか又は別紙に記入のうえ添付してください。
(3) 生活保護受給中の場合は、記入及び添付の必要はありません。

配偶者の有無	有 ・ 無	左記において「無」の場合は、以下の「配偶者に関する事項」については、記載不要です。		
配偶者に関する事項	フリガナ			
	氏名			
	生年月日	明 ・ 大 ・ 昭　　　年　　月　　日		
	住所	〒　　　　　　　　　　　電話　　－　　－		
	本年1月1日現在の住所(現住所と異なる場合)			
	課税状況	市区町村民税　　　課税 ・ 非課税		

(1) 事実婚(住民登録上の続柄が未届夫、未届妻等)の場合も配偶者としてご記入ください。
(2) 生活保護受給中の場合は、記入する必要はありません。

公的非課税年金に関する申告	□ 受給している非課税年金なし　　□ 障害年金受給中(年間受給額　　　　円)	
	□ 遺族年金受給中(年間受給額　　　　円)「寡婦」「かん夫」「母子」「準母子」「遺児」年金を含む	

(1)被保険者本人の分のみ申告してください。　　(2)生活保護受給中の場合は、記入する必要はありません。

収入等に関する申告	□	生活保護受給者/市町村民税世帯非課税である老齢福祉年金受給者
	□	市町村民税世帯非課税者であって、課税年金収入額と合計所得金額と非課税年金収入額 (遺族年金、障害年金等)の合計額が年額80万円以下です
	□	市町村民税世帯非課税者であって、課税年金収入額と合計所得金額と非課税年金収入額 (遺族年金、障害年金等)が合計額が年額80万円を超えます。

申請者が被保険者本人の場合には、下記については記載不要です。

申請者氏名		日中連絡のつく連絡先(携帯・自宅・勤務先)	
		本人との関係	家族 ・ 支援事業者 ・ その他(　　　　)

※虚偽の申告により不正に特定入所者介護サービス費等の支給を受けた場合は、介護保険法第22条第1項の規定に基づき、支給された額及び最大2倍の加算金を加えた額を返還していただくことがあります。

※負担限度額認定期間中に本人及び世帯構成員の所得修正により認定の対象とならなくなった場合は、さかのぼって認定を取り消す場合があります。

裏面もあります

Q81

住所地特例

市外の施設に入居したら介護保険の変更手続きが必要？

Q 母が市外の特養に入所します。介護保険の給付は特養のある市から受けることになるのですか？　そのための手続きは？（60歳男性）

A 介護保険施設などへの入所のために別の市区町村に転入する場合、引っ越し前の自治体の介護保険を継続して利用することになります。市区町村役場で、「住所地特例」の手続きを行いましょう。

介護保険の費用は引っ越し前の自治体が負担することも

　介護保険は、原則として住民票のある市区町村が保険者（保険金の納付や給付を管理する団体）となります。自宅とは別の市区町村にある施設に入居した場合、入居者はその施設の所在地に住民票を移します。ただし、介護保険施設や有料老人ホームなどに入居した場合、住民票を移す前の市区町村が引き続き保険者となることになっています。これを「住所地特例」といいます。

　住所地特例の対象となるのは、介護保険施設のほか、有料老人ホーム、ケアハウス、サ高住などで「特定施設入居者生活介護」のサービスを行っているところです。また、食事、介護、家事、健康管理のいずれかの

サービスを提供しているサ高住も住所地特例の対象になります。認知症高齢者グループホームは、住所地特例の対象にはなりません。

　また、介護老人保健施設や介護療養型老人保健施設、介護療養型医療施設の中には、入居期間が数カ月と決められていることを理由に、施設に住所を移すことを認めていないところもあります。自宅から住所が異動しないことになるので、この場合も住所地特例は適用されません。

引っ越しから14日以内に手続きを行う

　住所地特例の届出は、本人の引っ越しから14日以内に行います。たとえばA市の自宅からB市の施設に引っ越した場合、「介護保険住所地特例適用届」に必要事項を記入し、A

市の介護保険を担当する部署に提出します。またB市の施設からさらにC市の施設に移る場合は、「介護保険住所地特例変更届」をA市に提出します。施設を退去してA市の自宅に戻る場合や本人が亡くなった場合は、「介護保険住所地特例終了届」をA市に提出します。

介護保険住所地特例適用・変更・終了届の例

東京都新宿区の場合

2号様式(第69条関係)

介護保険　住所地特例　適用・変更・終了届

新宿区長　　あて

次のとおり住所地特例(適用・変更・終了)について届け出ます。

上記(適用・変更・終了)の中で該当するものに○をつけてください。

適用；在宅→施設　　　変更；施設→施設　　　終了；施設→在宅

届出年月日	年　　　　月　　　　日		
届出人氏名		本人との関係	
届出人住所	〒　　　　　　　　　　　電話番号　（　　）		

届出人が被保険者本人の場合、届出人住所・電話番号記載不要

個　人　番　号			
被保険者番号			
被保険者	フリガナ		生年月日　明・大・昭　　年　　月　　日
	氏　名		性　別　　　　男　・　女
世帯主	氏　名	世帯主との続柄 生年月日	明・大・昭　　年　　月　　日
		性別	男　・　女

異動前情報	従前の住所	〒　　　　　　　　　　　電話番号　（　　）
	*異動前住所が施設の場合、以下も記入のこと	
	施設 名　称	
	退所年月日	年　　月　　日

異動後情報	現住所	〒　　　　　　　　　　　電話番号　（　　）
	*異動後居住地が施設の場合、以下も記入のこと	
	施設 名　称	
	入所年月日	年　　月　　日

次の事務にレ印を付けた場合、併せて申請したこととします。

国民健康保険住所地特例届　□

収　受　印

国民健康保険記号番号	04－
新　記　番	
転　出　日	年　　月　　日
税　情　報	無・有（税務課・税照会・申告書）

事務処理欄	身元確認書類（届出人）		個人番号確認書類（被保険者）
	1点	免許証　個人Noカード　旅券 身障手帳等	個人Noカード　通知カード 転出証明書　住民票
	2点	保険証（介後国他）　納入通知書 （　　　　　　）	住民票記載事項証明書

さくいん

〈 あ 〉

アセスメント（事前評価） ……64
安否確認・健康相談 ……149
育児・介護休業法 ……146
一次判定 ……27　33　37　38
一般介護予防事業 ……55
医療相談員 ……24
医療的ケア ……156
胃ろう・腸ろう ……157
エンゼルケア ……160

〈 か 〉

介護医療院 ……82　163
介護・介護予防サービス計画書
　……60
介護帰省割引 ……153
介護休業給付 ……146
介護サービス ……76
介護事業所・生活関連情報検索
　……62
介護付き有料老人ホーム
　……163　183
介護認定審査会 ……33
介護保険居宅サービス計画
依頼届出書 ……60
介護保険高額介護（介護予防）
サービス等支給申請書 ……125

介護保険自己負担額証明書 ……136
介護保険施設 ……162
介護保険受給資格証明書 ……56
介護保険被保険者証
　……29　34　42
介護保険被保険者証再交付申請書
　……28
介護保険負担限度額認定 ……184
介護保険負担割合証 ……74
介護保険料 ……23
介護保険料減免・徴収猶予申請書
　……121
介護予防サービス ……52　76
介護予防・生活支援サービス事業
　……55
介護療養型医療施設 ……13　163
介護老人福祉施設 ……163
介護老人保健施設
　……163　168　183
外出支援サービス ……149
回復期リハビリテーション病院
　……15
かかりつけ医
　……12　15　16　18　20　25
加算 ……72
家族の役割 ……142
紙おむつ支給 ……149

看護小規模多機能型居宅介護
　………………………108

基本調査項目　………………39

基本部分　………………72

救急相談センター　………………14

急性期病院　………………15

共生型サービス　………………82

居宅介護支援事業者………62　70

居宅療養管理指導　………………87

ケアハウス………163　172　183

ケアプラン
　…………60　64　68　78　142

ケアマネジャー
　……20　48　64　66　69　70

経鼻経管栄養………………157

月額費用………………180

高額介護合算療養費制度　……136

高額介護合算療養費等支給申請書
　………………………136

高額介護サービス費……124　136

高額療養費制度…………134　136

後期高齢者医療制度…………118

公的医療保険制度………………118

高齢者緊急ショートステイ……149

高齢者理美容サービス…………149

国民健康保険………………118

個人番号　………………58

ごみ出しの支援………………149

ごみ屋敷………………154

〈 さ 〉

サービス担当者会議………60　66

サービス付き高齢者向け住宅
　………………163　174　183

サービス提供票………………80

サービス利用票………………80

サービス利用料………………51

在宅医療………………158

在宅中心静脈栄養法…………157

暫定ケアプラン………………27

支給限度額………………73

死亡診断書………………160

社会福祉協議会………………149

住宅型有料老人ホーム…………177

重要事項説明書………………178

住所地特例………………186

住宅改修………………114

住民異動届………………132

宿泊サービス………………84

主治医　………………13

主治医の意見書　……24　32　36

主たる介護者……142　148　150

ショートステイ…………104　106

償還払い………………116

小規模多機能型居宅介護　……108

初期費用………………180

寝具乾燥消毒………………149

身体介護　………………89

診療所　………………16

ストーマ（人工肛門）…………157

ストレスケア……………………150
生活援助 ………………89　149
生活保護制度……………………138
世帯合算……………………134
世帯分離…………………128　132

〈 た 〉

ターミナルケア…………………158
第1号被保険者……22　118　120
第2号被保険者……22　118　120
多数回 ……………………134
短期入所生活介護………104　107
短期入所療養介護………………104
たんの吸引………………………157
地域包括ケアシステム …………82
地域包括支援センター
　………………20　24　54　64
地域密着型サービス
　………………76　102　170
通院等乗降介助 …………………89
通所介護…………………………100
通所サービス ……………………84
通所リハビリテーション ………95
定期巡回・随時対応型訪問介護看護
　…………………………87　98
デイサービス……………100　102
特定施設………162　172　176
特定施設入居者生活介護
　…………………162　172
特定疾病 ………………22　118

特定入所者介護サービス費
　…………………126　184
特定福祉用具購入……………112
特別徴収 …………………22
特別養護老人ホーム
　…163　164　166　168　183
都市型ケアハウス………………173

〈 な 〉

二次判定 ………………27　38
入居一時金………………………181
認知症 …………18　102　182
認知症高齢者グループホーム
　…………………170　183
認知症サポート医 …………18　20
認知症対応型共同生活介護
　…………………102　163
認知症対応型通所介護…………103
認定結果への不服申し立て ……44
認定調査…………………………33
認定通知 …………………60
認定特定行為業務従事者認定証
　………………………157
認定の有効期間 …………………47

〈 は 〉

配食サービス……………………149
非該当 ………………40　54
病院 ……………………16
被用者保険………………………118
福祉用具貸与……………………110

普通徴収 ……………………22
膀胱留置カテーテル…………157
訪問介護 …………87 89 90
訪問看護 ………………87 97
訪問サービス ………………84 86
訪問調査 ………………32 38
訪問入浴介護 …………87 92
訪問リハビリテーション
　……………………87 95
保険料の減免…………………120
保険料の滞納…………………122
補足給付………………126 184

〈ま・や・ら〉

マイナンバー ………………34
マイナンバーカード …………58
マイナンバー通知カード ………58
看取り…………………………158
モニタリング（課題分析）………69
夜間対応型訪問介護………87 98
有料老人ホーム…………………176
要介護 ………………………40
要介護状態区分……………40 46
要介護・要支援認定
　………………34 41 56
要介護認定・要支援認定結果通知書
　………………………………42
要介護認定・要支援認定申請書
　………………………34 36
要介護認定・要支援認定変更申請書
　………………………………49

要支援 ………………………40 52
療養型医療施設 ………………15
利用者負担段階…………………126
利用者負担割合 ………………75
ロング・ショート ………………106

さくいん

191

監修　鈩 裕和（たたら ひろかず）
島根県松江市出身
医療法人社団つくしんぼ会（東京都板橋区）理事長　医師
外来診療から訪問医療介護、さらに在宅看取りまで連続したサービスを提供できる医療
機関として「つくしんぼ会」を平成8年に設立した。職種間の垣根を取り払い自由闊達
に議論できる環境作りに努め、討議の下、治療介護計画を立案し、協調して介入する体
制になっている。日常診療では、患者に生き様、死に様の希望をさりげなく問いかけ、
実現可能な形で寄り添うスタイルをとっている。押し付けの医療にならないよう配慮
し、薬物治療に依存しないのが信条。

医療法人社団つくしんぼ会
医師、看護師、介護職、理学療法士、ケアマネなど地域医療に必要な職種を揃え、包括的
医療介護を20年にわたり展開している。外来で診療している患者が要介護状態になっ
ても適切なサービスを受けて自宅生活を継続できるように援助している。さらに自宅
で最期を迎える方々への支援として在宅緩和ケアにも注力している。最近になって叫
ばれだした地域包括ケアのモデルケースとして注目されるようになっている。
所在地：東京都板橋区大山西町70-10

監修協力　ケアマネジャー　安田力　大木真実

身近な人に介護が必要になったときの手続きのすべて

2018年6月1日 初版第1刷発行
2018年6月25日 初版第2刷発行

監修者	鈩 裕和
発行者	伊藤　滋
発行所	株式会社 自由国民社
	〒171-0033　東京都豊島区高田3-10-11
	電話（営業部）03-6233-0781（編集部）03-6233-0787
	振替 00100-6-189009
	ウェブサイト　http://www.jiyu.co.jp/
印　刷	大日本印刷株式会社
製　本	新風製本株式会社
編集協力	株式会社耕事務所
執筆協力	稲川和子　野口久美子
本文デザイン	石川妙子
本文イラスト	山下幸子
カバーデザイン	JK

落丁・乱丁本はお取替えします。
本文・写真などの無断転載・複製を禁じます。
定価はカバーに表示してあります。